Mikrodalga Mutfağı 2023

Zaman ve Enerji Tasarrufu İçin Bir Yemek Kitabı

Sude Özdemir

İçindekiler

Jöleli Akdeniz Salatası 14
Jöleli Yunan Salatası 15
Jöleli Rus Salatası 15
Hardal mayonezli alabaş salatası 16
Pancar, kereviz ve elma kapları 17
Sahte Waldorf kupası 18
Sarımsaklı, mayonezli ve fıstıklı kereviz salatası 18
Kontinental Kereviz Salatası 19
Pastırmalı Kereviz Salatası 20
Sıcak soslu biber ve yumurtalı enginar salatası 21
Adaçayı ve soğan dolgusu 22
Kereviz Pesto Dolgusu 23
Pırasa ve domates dolgusu 23
pastırma doldurma 23
Pastırma ve kayısı dolgusu 24
Mantar, limon ve kekik dolgusu 25
Mantarlı Pırasa Dolgusu 25
Jambon ve ananas dolgusu 26
Asya mantarlı kaju dolgusu 27
Jambon ve havuç doldurma 28
Jambon, muz ve mısır dolgusu 29
İtalyan dolgusu 29

İspanyol dolgusu 30
Portakal ve kişniş dolgusu 31
Kireç Kişniş Dolgusu 31
portakal ve kayısı dolgusu 32
Elma, kuru üzüm ve ceviz dolgusu 33
Elma, erik ve Brezilya fıstığından yapılan dolgu 34
Elma, hurma ve fındık dolgusu 34
Sarımsak, biberiye ve limon dolgusu 35
Parmesan peyniri ile sarımsak, biberiye ve limon dolgusu 36
Deniz Ürünleri Dolumu 36
Parma jambonu ile doldurulmuş 37
sosis doldurma 37
Sosis et ve ciğer doldurma 38
Sosisli et ve mısır dolgusu 38
sosis et ve portakal dolgusu 39
Yumurtalı kestane dolgusu 39
Kestane ve kızılcık dolgusu 40
Kremalı kestane dolgusu 40
Kremalı kestane ve sosis dolgusu 41
Bütün kestane dolgulu kremalı kestane 41
Maydanoz ve kekik ile kestane dolgusu 42
Jambonlu kestane dolması 43
tavuk ciğeri dolması 44
Ceviz ve portakal ile doldurulmuş tavuk ciğeri 45
Üçlü somun doldurma 45
Patates ve hindi ciğeri dolgusu 46
otlar ile pirinç doldurma 47

İspanyol usulü domatesli pilav 48
meyveli pirinç dolgusu 49
Uzak Doğu'dan pirinç dolgusu 50
Fındıklı doyurucu pirinç dolgusu 50
çikolatalı çıtırlar 51
Çikolatalı bir tür kek 52
moka keki 53
katmanlı kek 54
Karaorman pastası 54
Çikolatalı Portakallı Kek 55
Çikolatalı Tereyağlı Kremalı Pasta 56
Çikolatalı Moka Kek 57
portakallı çikolatalı kek 57
Çift Çikolatalı Kek 58
Krem şanti ve cevizli kek 58
Yılbaşı keki 59
Amerikan kekleri 60
Çikolatalı Fındıklı Kek 61
Yulaf ve şekerleme üçgenleri 61
Müsli Üçgenleri 62
Çikolatalı Kraliçeler 62
Gevrek Çikolatalı Queenies 63
Kepekli ve ananaslı kahvaltı keki 64
Meyveli Çikolatalı Pandispanya Kek 65
Meyveli Mocha Kurabiye Crunch Kek 66
Meyveli rom ve kuru üzümlü bisküvili çıtır çıtır kek 66
Meyveli Viski ve Portakallı Bisküvili Crunch Cake 67

Beyaz çikolatalı meyveli çıtır kek 67
İki Katlı Kayısılı Frambuazlı Cheesecake 67
Fıstık Ezmeli Cheesecake 71
Limonlu lor cheesecake 72
çikolatalı Cheesecake 72
Sharon Meyveli Cheesecake 73
Yabanmersinli peynir pastası 74
Fırında Limonlu Cheesecake 75
Fırında Limonlu Cheesecake 76
Frenk üzümü ile pişmiş cheesecake 76
Fırında Frambuazlı Cheesecake 76
Nane Patlıcan Sosu 78
Domates ve karışık otlar ile patlıcan sosu 79
Orta Doğu patlıcan ve tahin sosu 80
Patlıcan Sosu 81
Yunan patlıcan sosu 82
bagna Kauda 83
patlıcan güveç 84
Turşu kokteyl mantarları 86
Yumurta ve çam fıstığı ile pişmiş patlıcan dolması 87
Yunan mantarları 88
enginar sos 89
Sezar salatası 90
Yumurta ve tereyağı ile Hollandalı hindiba 91
yumurta mayonezi 92
Skordalia mayonezli yumurta 93
İskoç çulluk 94

İsveç mayonezli yumurta 95
Fasulye Salatası 96
yumurtalı fasulye salatası 97
Saksı damperli 98
bir tencerede karides 99
Doldurulmuş yumurta ile pişmiş avokado 100
Domates ve peynir ile doldurulmuş avokado 101
İskandinav rulo paspas ve elma salatası 102
Köri soslu rulo mop ve elma salatası 103
Keçi peyniri ve sıcak soslu yaprak salatası 104
Jöle Domatesli Dondurma 104
dolgulu domates 105
İtalyan Doldurulmuş Domates 106
Domates ve Tavuk Salata Kapları 108
Doğranmış Yumurta ve Soğan 109
Kiş Lorraine 110
Peynir ve domates kiş 111
Somon Füme Kiş 112
Karides Kiş 112
Ispanaklı Kiş 112
Akdeniz kiş 112
kuşkonmaz kiş 114
ceviz dolması 115
Körili Brezilya fıstığı 116
Mavi peynir ve cevizli turta 117
Zengin ciğer ezmesi 119
Sıcak ve ekşi yengeç çorbası 120

Basit oryantal çorba 122
ciğer çorbası 123
havuç kremalı çorba 124
Soğutulmuş Havuç Pırasa Çorbası 125
Havuç ve Kişniş Çorbası 126
Portakal Çorbası ile Havuç 126
Kremalı Salata Çorbası 127
Yeşil püre çorbası 128
Wasabi ile yaban havucu ve maydanoz çorbası 128
TATLI PATATES ÇORBASI 129
sebze kremalı çorba 130
yeşil bezelye çorbası 131
balkabağı çorbası 131
Mantar kremalı çorba 131
balkabağı kremalı çorba 132
Cock-a-leekie çorbası 133
viski çorbası 134
İsrail usulü tavuk ve avokado çorbası 135
Pancarlı avokado çorbası 135
pancar çorbası 136
Soğuk Borç 137
Kremalı soğuk borsch 137
Portakallı Mercimek Çorbası 138
Peynir ve kavrulmuş kaju fıstığı ile portakal mercimek çorbası .. 139
Domates garnitürlü mercimek çorbası 139
Sarı Bezelye Çorbası 140
Fransız soğan çorbası 140

etli ve sebzeli italyan çorbası 141
sebzeli çorba Cenevizli 143
İtalyan Patates Çorbası 143
Taze domates ve kereviz çorbası 144
Avokado soslu domates çorbası 145
Soğutulmuş Peynir ve Soğan Çorbası 146
İsviçre peyniri çorbası 147
Avgolemono çorbası 148
Pastisli Salatalık Kremalı Çorba 149
Pirinçli köri çorbası 150
Vichyssoise 151
Yoğurtlu soğutulmuş salatalık çorbası 152
Soğutulmuş yoğurtlu ıspanak çorbası 153
Şeri ile soğutulmuş domates çorbası 154
New England Balık Çorbası 155
Krabbensuppe 156
Yengeç ve Limon Çorbası 157
Istakoz bisque 158
Kurutulmuş paket çorba 158
Konserve yoğunlaştırılmış çorba 158
çorbaları ısıtmak 159
Yemek pişirmek için ısıtma yumurtaları 159
Haşlanmış yumurta 159
Kızarmış (sotelenmiş) yumurta 160
Piperade 161
Jambonlu pipet 162
Piperada 162

yumurta Floransalı 163
Haşlanmış yumurta Rossini 164
Patlıcan yumurtalı çırpılmış yumurta 164
klasik omlet 166
Aromalı Omletler 167
brunch omleti 168
Eritilmiş peynirli haşlanmış yumurta 169
Yumurta Benedict 169
Omlet Arnold Bennett 170
tortilla 171
Karışık sebzeli İspanyol omleti 172
Jambonlu İspanyol omleti 173
kereviz soslu peynirli yumurta 173
yumurta fu yung 174
Pizzalı omlet 175
sufle omleti 176
Limonlu sufle ile omlet 177
Portakallı sufle omleti 177
Bademli Kayısılı Sufle Omlet 177
Frambuazlı Sufle Omlet 177
Çilekli Sufle Omlet 178
soslu sufle omleti 178
kremalı fırında yumurta 178
Pişmiş Yumurta Napoliten 179
Peynir Fondü 180
Elma şarabı ile fondü 181
elma suyu ile fondü 181

pembe fondü 181
Dumanlı fondü 182
Alman bira fondü 182
Ateşli fondü 182
köri fondü 182
fondü 183
Peynir ve domates fondü 183
Peynir Fondü 185
Elma şarabı ile fondü 186
elma suyu ile fondü 186
pembe fondü 186
Dumanlı fondü 187
Alman bira fondü 187
Ateşli fondü 187
köri fondü 187
fondü 188
Peynir ve domates fondü 188
Peynir ve kereviz fondü 189
İtalyan peyniri, krema ve yumurta fondü 190
Hollandalı çiftçinin fondü 191
Bir bükülme ile çiftçi fondü 192
Flamenko usulü fırında yumurta 193
Ekmek ve tereyağlı peynir ve maydanozlu puding 194
Kaju fıstığı ile ekmek ve tereyağlı peynir ve maydanoz pudingi ... 195
Dört peynirli ekmek ve tereyağlı puding 195
Peynirli ve yumurtalı turtalar 196
Ters peynir ve domates pudingi 197

pizza topuzu *198*
Soğanlı zencefilli levrek *199*
alabalık paketleri *200*
İnce fasulyeli parlak maymunbalığı *201*
Şeker bezelye ile parlak karides *202*
Elma şarabı ve calvados ile Normandiya morina balığı *203*
balık paella *205*
ringa balığı turşusu *207*
Moules Marinières *208*
Ravent ve kuru üzüm soslu uskumru *210*
Elma şarabı soslu ringa balığı *211*
jöle soslu sazan *211*
Kayısılı rulo paspaslar *213*
haşlanmış çiroz *214*

Jöleli Akdeniz Salatası

6 servis

300 ml/½ Pt/1¼ fincan soğuk sebze suyu veya sebze pişirme suyu
15 ml/1 yemek kaşığı öğütülmüş jelatin
45 ml/3 yemek kaşığı domates suyu
45 ml/3 yemek kaşığı kırmızı şarap
1 yeşil (biber), tohumlanmış ve şeritler halinde kesilmiş
2 domates, beyazlatılmış, derili ve doğranmış
30ml/2 yemek kaşığı süzülmüş kapari
50 g /2 oz/¼ fincan doğranmış salatalık (kornişon)
12 dilimlenmiş doldurulmuş zeytin
10 ml/2 çay kaşığı hamsi sosu

Bir kaseye 45 ml/3 yemek kaşığı et suyu veya sebze suyu koyun. Jelatini karıştırın. Yumuşatmak için 5 dakika bekletin. 2–2½ dakika boyunca çözülme üzerinde açıkta eritin. Kalan suyu domates suyu ve şarapla dökün. Soğuyunca örtün, ardından koyulaşmaya ve sertleşmeye başlayana kadar buzdolabında saklayın. Biber şeritlerini bir kaseye koyun ve üzerini kaynar su ile kapatın. 5 dakika yumuşamaya bırakın, sonra süzün. Domates ve biber şeritlerini kalan tüm malzemelerle jölenin içine karıştırın. 1,25 litre/2¼ pt/5½ fincan nemlendirilmiş jöle kalıbına veya leğene aktarın. Sertleşene kadar birkaç saat örtün ve soğutun. Servis yapmak için, tabağı veya tabağı bir kase sıcak suya batırıp çıkarın ve gevşetin, ardından sıcak su akıtın, bıçağı dikkatlice kenarlarından geçirin. Servis yapmadan önce nemli bir tabağa ters çevirin. (Islatma, jölenin yapışmasını engeller.)

Jöleli Yunan Salatası

6 servis

Akdeniz Jöle Salatası gibi hazırlayın, ancak kapari ve turşu (turşu) hariç tutun. 125 gr ince doğranmış beyaz peynir ve 1 küçük doğranmış soğan ekleyin. Doldurulmuş zeytinleri çekirdeksiz (çekirdeksiz) siyah zeytinlerle değiştirin.

Jöleli Rus Salatası

6 servis

Jöleli Akdeniz Salatası gibi hazırlayın, ancak domates suyu ve şarabı 90 ml/6 yemek kaşığı mayonez ve domates ve (biber) 225 gr/2 bardak doğranmış havuç ve patates ile değiştirin. 30ml/2 yemek kaşığı pişmiş bezelye ekleyin.

Hardal mayonezli alabaş salatası

6 servis

900 gr yer lahanası
75ml/5 yemek kaşığı kaynar su
5ml/1 çay kaşığı tuz
10ml/2 çay kaşığı limon suyu
60-120ml/4-6 yemek kaşığı kalın mayonez
10-20 ml/2-4 çay kaşığı tam tahıllı hardal
Garnitür için dilimlenmiş turp

Alabaşları soyun, iyice yıkayın ve her bir başı sekiz parçaya bölün. Su, tuz ve limon suyu ile 1,25 litrelik bir kaseye koyun. Streç filmle (plastik sargı) örtün ve buharın çıkması için iki kez yarık. Kâseyi 3 kez çevirerek yumuşayana kadar 10-15 dakika yüksek ateşte pişirin. Süzün ve dilimler veya küpler halinde kesin ve bir karıştırma kabına koyun. Mayonez ve hardalı karıştırın ve alabaşları parçalar tamamen kaplanana kadar bu karışıma atın. Servis tabağına alıp turp dilimleri ile süsleyin.

Pancar, kereviz ve elma kapları

6 servis

60ml/4 yemek kaşığı soğuk su
15 ml/1 yemek kaşığı öğütülmüş jelatin
225 ml / 8 fl oz / 1 su bardağı elma suyu
30 ml/2 yemek kaşığı ahududu sirkesi
5ml/1 çay kaşığı tuz
225 gr pişmiş (turşusuz) pancar (pancar), iri rendelenmiş
1 yenilebilir (tatlı) elma, soyulmuş ve iri rendelenmiş
1 kereviz sapı, ince kibrit çöpü şeklinde kesilmiş
1 küçük soğan, doğranmış

45 ml/3 yemek kaşığı soğuk suyu küçük bir kaseye dökün ve jelatini ekleyin. Yumuşatmak için 5 dakika bekletin. 2–2½ dakika boyunca çözülme üzerinde açıkta eritin. Kalan soğuk suyu, elma suyunu, sirkeyi ve tuzu ilave edip karıştırın. Soğuyunca örtün, ardından koyulaşmaya ve sertleşmeye başlayana kadar buzdolabında saklayın. Pancar, elma, kereviz ve soğanı yarı katı jöleye ekleyin ve iyice birleşene kadar hafifçe karıştırın. Altı küçük ıslatılmış bardağa aktarın, ardından üzerini kapatın ve donana ve sertleşene kadar buzdolabında saklayın. Bireysel plakalara çevirin.

Sahte Waldorf kupası

6 servis

Hazırlanışı pancar, kereviz ve elma kupları gibi, ancak sebzelere ve elmaya 30 ml/2 yemek kaşığı kıyılmış ceviz ekleyin.

Sarımsaklı, mayonezli ve fıstıklı kereviz salatası

6 servis

900 gr kereviz (kereviz kökü)
300 ml/½ puan/1 ¼ su bardağı soğuk su
15 ml/1 yemek kaşığı limon suyu
7,5 ml/1 ½ çay kaşığı tuz
1 diş sarımsak, ezilmiş
45 ml/3 yemek kaşığı iri kıyılmış antep fıstığı
60-120ml/4-8 yemek kaşığı kalın mayonez
Garnitür için Radicchio yaprakları ve bütün antep fıstığı

Kerevizi kalın bir şekilde soyun, iyice yıkayın ve her bir başı sekiz parçaya bölün. 2,25 litrelik bir kaseye su, limon suyu ve tuz koyun. Streç filmle (plastik sargı) örtün ve buharın çıkması için iki kez yarık. Kaseyi dört kez çevirerek 20 dakika yüksekte pişirin. Süzün ve dilimleyin ve bir karıştırma kabına koyun. Sarımsağı ve kıyılmış antep fıstığını ekleyin. Hâlâ sıcakken kereviz parçaları iyice kaplanana kadar mayonezle karıştırın. Servis tabağına aktarın. Servis yapmadan önce mümkünse biraz ılıkken turp yaprakları ve antep fıstığı ile süsleyin.

Kontinental Kereviz Salatası

4 servis

İnce ve tamamlayıcı tatların bir araya gelmesi, bunu soğuk hindi ve jambonla eşleştirmek için uygun bir Noel salatası yapar.

750 gr kereviz (kereviz kökü)
75ml/5 yemek kaşığı kaynar su
5ml/1 çay kaşığı tuz
10ml/2 çay kaşığı limon suyu
Giyinmek için:
30 ml/2 yemek kaşığı mısır veya ayçiçek yağı
15 ml/1 yemek kaşığı malt veya elma sirkesi
15 ml/1 yemek kaşığı üretilmiş hardal
2,5-5 ml/½-1 çay kaşığı kimyon
1,5 ml/¼ çay kaşığı tuz
5 ml/1 çay kaşığı pudra şekeri (çok ince) şeker
Taze çekilmiş karabiber

Kerevizi soyun ve küçük küpler halinde kesin. 1,75 litrelik bir kaseye dökün. Kaynar su, tuz ve limon suyunu ekleyin. Streç filmle (plastik sargı) örtün ve buharın çıkması için iki kez yarık. Kâseyi 3 kez çevirerek yumuşayana kadar 10-15 dakika yüksek ateşte pişirin. boşaltmak. Kalan tüm malzemeleri birlikte iyice çırpın. Sıcak kereviz ekleyin ve iyice atın. Örtün ve soğumaya bırakın. Oda sıcaklığında servis yapın.

Pastırmalı Kereviz Salatası

4 servis

Continental Kereviz Salatası olarak hazırlayın, ancak sosla aynı anda ızgarada çıtır çıtır (ızgarada pişirilmiş) ve ufalanmış 4 dilim domuz pastırması ekleyin.

Sıcak soslu biber ve yumurtalı enginar salatası

6 servis

400g / 14 ons / 1 büyük kutu enginar kalbi, süzülmüş
400g / 14 ons / 1 büyük kutu kırmızı biber, süzülmüş
10 ml/2 çay kaşığı kırmızı şarap sirkesi
60ml/4 yemek kaşığı limon suyu
125 ml/4 fl oz/½ fincan zeytinyağı
1 diş sarımsak, ezilmiş
5 ml/1 çay kaşığı kıta hardalı
5ml/1 çay kaşığı tuz
5 ml/1 çay kaşığı pudra şekeri (çok ince) şeker
4 büyük haşlanmış (sert kaynamış) yumurta, soyulmuş ve rendelenmiş
225 gr / 8 ons / 2 su bardağı beyaz peynir, doğranmış

Enginarları ikiye bölün ve biberleri şeritler halinde kesin. Büyük bir tabağa dönüşümlü olarak ortasını boşluk bırakarak dizin. Küçük bir kapta sirke, limon suyu, yağ, sarımsak, hardal, tuz ve şekeri birleştirin. 1 dakika yüksekte ısıtın, iki kez çırpın. Yumurtaları ve peyniri salatanın ortasına bir yığın halinde koyun ve ılık sosu üzerlerine hafifçe kaşıklayın.

Adaçayı ve soğan dolgusu

225-275g / 8-10oz / 11/3-12/3 bardak yapar

Domuz eti için.

25g/1 ons/2 yemek kaşığı tereyağı veya margarin
2 soğan, önceden pişirilmiş (bkz. tablo, sayfa 45), doğranmış
125 gr / 4 ons / 2 su bardağı beyaz veya kahverengi galeta unu
5 ml/1 çay kaşığı kuru adaçayı
Biraz su veya süt
Tuz ve taze çekilmiş karabiber

1 litrelik bir kaseye tereyağı veya margarini koyun. 1 dakika boyunca yüksekte ısıtın. Soğanları karıştırın. Her dakika karıştırarak 3 dakika yüksekte pişirin. Ufalanan bir kıvam oluşturmak için ekmek kırıntıları ve adaçayı ve yeterli su veya sütü karıştırın. Tatmak için mevsim. Soğuk kullanın.

Kereviz Pesto Dolgusu

225-275g / 8-10oz / 11/3-12/3 bardak yapar

Balık ve kümes hayvanları için.

Adaçayı ve soğan dolgusu gibi hazırlayın, ancak soğanları 2 ince kıyılmış kereviz sapıyla değiştirin. Baharatlamadan önce 10 ml/2 çay kaşığı yeşil pesto ekleyin.

Pırasa ve domates dolgusu

225-275g / 8-10oz / 11/3-12/3 bardak yapar

Et ve kümes hayvanları için.

25g/1 ons/2 yemek kaşığı tereyağı veya margarin
2 pırasa, sadece beyaz kısmı, çok ince dilimlenmiş
2 domates, beyazlatılmış, derili ve doğranmış
125 gr / 4 ons / 2 su bardağı taze beyaz galeta unu
Tuz ve taze çekilmiş karabiber
gerekirse tavuk suyu

1 litrelik bir kaseye tereyağı veya margarini koyun. 1 dakika boyunca yüksekte ısıtın. Pırasayı karıştırın. 3 kez karıştırarak 3 dakika yüksekte pişirin. Domatesleri ve ekmek kırıntılarını karıştırın ve tatmak için baharatlayın. Gerekirse sopayla bağlayın. Soğuk kullanın.

pastırma doldurma

225-275g / 8-10oz / 11/3-12/3 bardak yapar

Et, kümes hayvanları ve güçlü balıklar için.

4 dilim domuz pastırması, çizgili, küçük parçalar halinde kesilmiş
25g/1 ons/2 yemek kaşığı tereyağı, margarin veya domuz yağı
125 gr / 4 ons / 2 su bardağı taze beyaz galeta unu
5 ml/1 çay kaşığı Worcestershire sosu
5 ml/1 çay kaşığı mamul hardal
2,5 ml/½ çay kaşığı kurutulmuş karışık otlar
Tuz ve taze çekilmiş karabiber
süt, muhtemelen

Pastırmayı tereyağı, margarin veya domuz yağı ile 1 litrelik bir kaseye koyun. Bir kez karıştırarak 2 dakika boyunca kapağı açık olarak pişirin. Galeta unu, Worcestershire sosu, hardal ve otlar ile karıştırın ve tadına bakın. Gerekirse sütle koyulaştırın.

Pastırma ve kayısı dolgusu

225-275g / 8-10oz / 1 1/3-1 2/3 bardak yapar

Kümes hayvanları ve oyun için

Pastırma dolgusu gibi hazırlayın, ancak 6 adet iyi yıkanmış ve kabaca doğranmış kayısı yarısını otlar ile ekleyin.

Mantar, limon ve kekik dolgusu

225-275g / 8-10oz / 1 1/3-1 2/3 bardak yapar

Kümes hayvanları için.

25g/1 ons/2 yemek kaşığı tereyağı veya margarin
125 gr mantar, dilimlenmiş
5 ml/1 çay kaşığı ince rendelenmiş limon kabuğu rendesi
2,5 ml/½ çay kaşığı kuru kekik
1 diş sarımsak, ezilmiş
125 gr / 4 ons / 2 su bardağı taze beyaz galeta unu
Tuz ve taze çekilmiş karabiber
süt, muhtemelen

1 litrelik bir kaseye tereyağı veya margarini koyun. 1 dakika boyunca yüksekte ısıtın. Mantarları karıştırın. Kapağı açık olarak tam gazda 3 dakika iki kez karıştırarak pişirin. Limon kabuğu rendesi, kekik, sarımsak ve ekmek kırıntılarını karıştırın ve tatmak için baharatlayın. Sadece dolgu kuru tarafta kalırsa sütle koyulaştırın. Soğuk kullanın.

Mantarlı Pırasa Dolgusu

225-275g / 8-10oz / 1 1/3-1 2/3 bardak yapar

Kümes hayvanları, sebzeler ve balıklar için.

25g/1 ons/2 yemek kaşığı tereyağı veya margarin

1 pırasa, sadece beyaz kısmı, çok ince dilimlenmiş

125 gr mantar, dilimlenmiş

125 gr / 4 ons / 2 su bardağı taze kahverengi galeta unu

30ml/2 yemek kaşığı kıyılmış maydanoz

Tuz ve taze çekilmiş karabiber

süt, muhtemelen

Tereyağı veya margarini 1,25 litrelik bir kaba koyun. 1 dakika boyunca yüksekte ısıtın. Pırasayı karıştırın. Bir kez karıştırarak 2 dakika boyunca kapağı açık olarak pişirin. Mantarları karıştırın. İki kez karıştırarak 2 dakika yüksekte pişirin. Ekmek kırıntıları ve maydanozla karıştırın ve tatmak için baharatlayın. Sadece dolgu kuru tarafta kalırsa sütle koyulaştırın. Soğuk kullanın.

Jambon ve ananas dolgusu

225-275g / 8-10oz / 11/3-12/3 bardak yapar

Kümes hayvanları için.

25g/1 ons/2 yemek kaşığı tereyağı veya margarin

1 soğan, ince kıyılmış
1 taze ananas halkası, kabuğu alınmış ve posası doğranmış
75 gr pişmiş jambon, doğranmış
125 gr / 4 ons / 2 su bardağı taze beyaz galeta unu
Tuz ve taze çekilmiş karabiber

1 litrelik bir kaseye tereyağı veya margarini koyun. 1 dakika boyunca yüksekte ısıtın. Soğanı karıştırın. Bir kez karıştırarak 2 dakika boyunca kapağı açık olarak pişirin. Ananas ve jambonu karıştırın. İki kez karıştırarak 2 dakika yüksekte pişirin. Ekmek kırıntılarını ekleyin ve tatmak için baharatlayın. Soğuk kullanın.

Asya mantarlı kaju dolgusu

225-275g / 8-10oz / 1 1/3-1 2/3 bardak yapar

Kümes hayvanları ve balıklar için.

25g/1 ons/2 yemek kaşığı tereyağı veya margarin
6 taze soğan (yeşil soğan), doğranmış

125 gr mantar, dilimlenmiş
125 gr / 4 ons / 2 su bardağı taze kahverengi galeta unu
45 ml/3 yemek kaşığı kaju fıstığı, kavrulmuş
30 ml/2 yemek kaşığı kişniş yaprağı (kişniş).
Tuz ve taze çekilmiş karabiber
soya sosu, isteğe bağlı

Tereyağı veya margarini 1,25 litrelik bir kaba koyun. 1 dakika boyunca yüksekte ısıtın. Soğanları karıştırın. Bir kez karıştırarak 2 dakika boyunca kapağı açık olarak pişirin. Mantarları karıştırın. İki kez karıştırarak 2 dakika yüksekte pişirin. Galeta unu, kaju fıstığı ve kişnişle karıştırın ve tatmak için baharatlayın. Sadece dolgu kuru tarafta kalırsa soya sosuyla koyulaştırın. Soğuk kullanın.

Jambon ve havuç doldurma

225-275g / 8-10oz / 1 1/3-1 2/3 bardak yapar

Kümes hayvanları, kuzu eti ve av eti için.

Jambon ve ananas dolgusu gibi hazırlayın, ancak ananas yerine 2 rendelenmiş havuç koyun.

Jambon, muz ve mısır dolgusu

225-275g / 8-10oz / 1 1/3-1 2/3 bardak yapar

Kümes hayvanları için.

Jambon ve ananas dolgusu gibi hazırlayın, ancak ananası 1 küçük, kabaca ezilmiş muzla değiştirin. Galeta unu ile birlikte 30ml/2 yemek kaşığı mısır (mısır) ekleyin.

İtalyan dolgusu

225-275g / 8-10oz / 1 1/3-1 2/3 bardak yapar

Kuzu, kümes hayvanları ve balıklar için.

30ml/2 yemek kaşığı zeytinyağı

1 diş sarımsak

1 sap kereviz, ince kıyılmış

2 domates, beyazlatılmış, derili ve kabaca doğranmış

12 adet çekirdeği çıkarılmış siyah zeytin, ikiye bölünmüş

10ml/2 çay kaşığı kıyılmış fesleğen yaprağı

125 gr / 4 ons / 2 su bardağı ciabatta gibi taze İtalyan ekmek kırıntıları

Tuz ve taze çekilmiş karabiber

1 litrelik bir kaba zeytinyağını koyun. 1 dakika boyunca yüksekte ısıtın. Sarımsak ve kerevizi karıştırın. Bir kez karıştırarak 2½ dakika yüksekte pişirin. Kalan tüm malzemeleri karıştırın. Soğuk kullanın.

İspanyol dolgusu

225-275g / 8-10oz / 11/3-12/3 bardak yapar

Güçlü balık ve kümes hayvanları için.

İtalyan dolması gibi hazırlayın, ancak çekirdeği çıkarılmış siyah zeytinleri ikiye bölünmüş doldurulmuş zeytinlerle değiştirin. İtalyan ekmek kırıntıları yerine, normal beyaz ekmek kırıntıları kullanın ve 30 ml/2 yemek kaşığı şerit ve kavrulmuş badem ekleyin.

Portakal ve kişniş dolgusu

175 gr / 6 ons / 1 fincan yapar

Et ve kümes hayvanları için.

25g/1 ons/2 yemek kaşığı tereyağı veya margarin
1 küçük soğan, ince kıyılmış
125 gr / 4 ons·/ 2 su bardağı taze beyaz galeta unu
1 portakalın ince rendelenmiş kabuğu ve suyu
45 ml/3 yemek kaşığı ince kıyılmış kişniş yaprağı (kişniş).
Tuz ve taze çekilmiş karabiber
süt, muhtemelen

1 litrelik bir kaseye tereyağı veya margarini koyun. 1 dakika boyunca yüksekte ısıtın. Soğanı karıştırın. Bir kez karıştırarak 3 dakika boyunca kapağı açık olarak pişirin. Galeta unu, portakal kabuğu rendesi ve suyu ile kişnişi (kişniş) karıştırın ve tadına bakın. Sadece dolgu kuru tarafta kalırsa sütle koyulaştırın. Soğuk kullanın.

Kireç Kişniş Dolgusu

175 gr / 6 ons / 1 fincan yapar

balık için

Portakal ve kişniş dolgusu gibi hazırlayın, ancak portakal için rendelenmiş kabuğu ve bir limonun suyunu değiştirin.

portakal ve kayısı dolgusu

275g/10oz/12/3 bardak yapar

Güçlü et ve kümes hayvanları için.

125 gr yıkanmış kuru kayısı
sıcak siyah çay
25g/1 ons/2 yemek kaşığı tereyağı veya margarin
1 küçük soğan, doğranmış

5 ml/1 çay kaşığı ince rendelenmiş portakal kabuğu
1 portakalın suyu
125 gr / 4 ons / 2 su bardağı taze beyaz galeta unu
Tuz ve taze çekilmiş karabiber

Kayısıları en az 2 saat ılık çayda bekletin. Süzün ve makasla küçük parçalar halinde kesin. Tereyağı veya margarini 1,25 litrelik bir kaba koyun. 1 dakika boyunca yüksekte ısıtın. Soğanı ekleyin. Bir kez karıştırarak 2 dakika boyunca kapağı açık olarak pişirin. Kayısı dahil kalan tüm malzemeleri karıştırın. Soğuk kullanın.

Elma, kuru üzüm ve ceviz dolgusu

275g/10oz/12/3 bardak yapar

Domuz eti, kuzu eti, ördek ve kaz için.

25g/1 ons/2 yemek kaşığı tereyağı veya margarin
1 tatlı elma, soyulmuş, dörde bölünmüş, özlü ve doğranmış
1 küçük soğan, doğranmış
30ml/2 yemek kaşığı kuru üzüm
30ml/2 yemek kaşığı kıyılmış ceviz
5 ml/1 çay kaşığı pudra şekeri (çok ince) şeker

125 gr / 4 ons / 2 su bardağı taze beyaz galeta unu
Tuz ve taze çekilmiş karabiber

Tereyağı veya margarini 1,25 litrelik bir kaba koyun. 1 dakika boyunca yüksekte ısıtın. Elma ve soğanı karıştırın. Bir kez karıştırarak 2 dakika boyunca kapağı açık olarak pişirin. Kalan tüm malzemeleri karıştırın. Soğuk kullanın.

Elma, erik ve Brezilya fıstığından yapılan dolgu

275g/10oz/12/3 bardak yapar

Kuzu ve hindi için.

Elma, kuru üzüm ve ceviz dolgulu olarak hazırlayın, ancak kuru üzümleri 8 adet çekirdekleri çıkarılmış ve doğranmış erik ve cevizleri 30ml/2 yemek kaşığı ince dilimlenmiş Brezilya fıstığı ile değiştirin.

Elma, hurma ve fındık dolgusu

275g/10oz/12/3 bardak yapar

Kuzu ve oyun için.

Elma, kuru üzüm ve ceviz dolgusu gibi hazırlayın, ancak kuru üzüm yerine 45 ml/3 yemek kaşığı doğranmış hurma ve cevizleri 30 ml/2 yemek kaşığı kavrulmuş ve kıyılmış fındıkla değiştirin.

Sarımsak, biberiye ve limon dolgusu

175 gr / 6 ons / 1 fincan yapar

Kuzu ve domuz eti için.

25g/1 ons/2 yemek kaşığı tereyağı veya margarin
2 diş sarımsak, ezilmiş
1 küçük limonun rendelenmiş kabuğu
5ml/1 çay kaşığı kurutulmuş biberiye, ezilmiş
15 ml/1 yemek kaşığı kıyılmış maydanoz
125 gr / 4 ons / 2 su bardağı taze beyaz veya kahverengi galeta unu
Tuz ve taze çekilmiş karabiber
Gerekirse süt veya sek kırmızı şarap

1 litrelik bir kaseye tereyağı veya margarini koyun. 1 dakika boyunca yüksekte ısıtın. Sarımsak ve limon kabuğu rendesini katıp karıştırın. Açıkta tam gazda 30 saniye ısıtın. İyice karıştırın ve biberiye, maydanoz ve ekmek kırıntılarını ekleyin. Tatmak için mevsim. Sadece dolgu kuru tarafta kalırsa süt veya şarapla koyulaştırın. Soğuk kullanın.

Parmesan peyniri ile sarımsak, biberiye ve limon dolgusu

175 gr / 6 ons / 1 fincan yapar.

Sığır eti için.

Sarımsaklı Biberiye Limon Dolgusu olarak hazırlayın ancak ekmek kırıntılarıyla birlikte 45ml/3 yemek kaşığı rendelenmiş Parmesan peyniri ekleyin.

Deniz Ürünleri Dolumu

275g/10oz/12/3 bardak yapar

Balık ve sebzeler için.

25g/1 ons/2 yemek kaşığı tereyağı veya margarin

125 gr / 4 ons / 1 su bardağı bütün soyulmuş karides (karides)

5 ml/1 çay kaşığı ince rendelenmiş limon kabuğu rendesi

125 gr / 4 ons / 2 su bardağı taze beyaz galeta unu

1 yumurta, çırpılmış

Tuz ve taze çekilmiş karabiber

süt, muhtemelen

1 litrelik bir kaseye tereyağı veya margarini koyun. 1 dakika boyunca yüksekte ısıtın. Karidesleri, limon kabuğu rendesini, galeta ununu ve yumurtayı ilave edip tatlandırın. Sadece dolgu kuru tarafta kalırsa sütle koyulaştırın. Soğuk kullanın.

Parma jambonu ile doldurulmuş

275g/10oz/12/3 bardak yapar

Kümes hayvanları için.

Deniz ürünleri dolgusunda olduğu gibi hazırlayın, ancak karidesleri (karidesler) 75g/3 oz/¾ fincan kaba kıyılmış Parma jambonu ile değiştirin.

sosis doldurma

275g/10oz/12/3 bardak yapar

Kümes hayvanları ve domuz eti için.

25g/1 ons/2 yemek kaşığı tereyağı veya margarin

225 gr / 8 ons / 1 su bardağı domuz veya sığır sosisi

1 küçük soğan, rendelenmiş

30 ml/2 yemek kaşığı ince kıyılmış maydanoz

2,5 ml/½ çay kaşığı hardal tozu

1 yumurta, çırpılmış

1 litrelik bir kaseye tereyağı veya margarini koyun. 1 dakika boyunca yüksekte ısıtın. Kıyma ve soğanı karıştırın. Sosis etinin iyice parçalanmasını sağlamak için her dakika karıştırarak 4 dakika boyunca ağzı açık olarak tam gazda pişirin. Kalan tüm malzemeleri karıştırın. Soğuk kullanın.

Sosis et ve ciğer doldurma

275g/10oz/12/3 bardak yapar

Kümes hayvanları için.

Sosis Et Dolgusu gibi hazırlayın, ancak sosis etini 175g/6 oz/¾ fincana düşürün. 50g/2 ons/½ fincan iri kıyılmış tavuk ciğeri ile sosis eti ve soğanı ekleyin.

Sosisli et ve mısır dolgusu

275g/10oz/12/3 bardak yapar

Kümes hayvanları için.

Sosis dolgusu gibi hazırlayın, ancak pişirme süresinin sonunda 30-45 ml/2-3 yemek kaşığı pişmiş mısır ekleyin.

sosis et ve portakal dolgusu

275g/10oz/12/3 bardak yapar

Kümes hayvanları için.

Hazırlanışı sucuklu et dolgusuna benzer, ancak pişirme süresinin sonunda 5-10 ml/1-2 çay kaşığı ince rendelenmiş portakal kabuğu rendesi ekleyin.

Yumurtalı kestane dolgusu

350g / 12oz / 2 bardak yapar

Kümes hayvanları için.

125 gr/4 ons/1 su bardağı kuru kestane, geceden suda bekletilip sonra süzülür
25g/1 ons/2 yemek kaşığı tereyağı veya margarin
1 küçük soğan, rendelenmiş
1,5 ml/¼ çay kaşığı öğütülmüş hindistan cevizi
125 gr / 4 ons / 2 su bardağı taze kahverengi galeta unu
5ml/1 çay kaşığı tuz
1 büyük yumurta, dövülmüş

15 ml/1 yemek kaşığı çift (ağır) krema

Kestaneleri 1,25 litrelik bir Hollanda fırınına koyun ve üzerini kaynar su ile kapatın. 5 dakika bekletin. Streç filmle (plastik sargı) örtün ve buharın çıkması için iki kez yarık. Kestaneler yumuşayana kadar 30 dakika yüksek ateşte pişirin. Süzün ve soğumaya bırakın. Küçük parçalara ayırın. Tereyağı veya margarini 1,25 litrelik bir kaba koyun. 1 dakika boyunca yüksekte ısıtın. Soğanı ekleyin. Bir kez karıştırarak 2 dakika boyunca kapağı açık olarak pişirin. Kestane, küçük hindistan cevizi, ekmek kırıntıları, tuz ve yumurtayı karıştırın. Krema ile birleştirin. Soğuk kullanın.

Kestane ve kızılcık dolgusu

350g / 12oz / 2 bardak yapar

Kümes hayvanları için.

Dolguyu kestane dolgusu gibi yumurta ile hazırlayın, ancak dolguyu yumurta yerine 30–45 ml / 2–3 yemek kaşığı kızılcık sosu ile kalınlaştırın. Dolgu kuru tarafta kalırsa biraz krema ekleyin.

Kremalı kestane dolgusu

900g / 2lb / 5 bardak yapar

Kümes hayvanları ve balıklar için.

50g/2 oz/¼ fincan tereyağı, margarin veya domuz pastırması şeritleri

1 soğan, rendelenmiş

500 gr konserveden şekersiz kestane püresi

225 gr / 8 ons / 4 su bardağı taze beyaz galeta unu

Tuz ve taze çekilmiş karabiber

2 yumurta, çırpılmış

süt, muhtemelen

Tereyağı, margarin veya tavadaki sıvıları 1¾ litre / 3 pt / 7½ fincan kaseye koyun. 1½ dakika yüksekte ısıtın. Soğanı ekleyin. Bir kez karıştırarak 2 dakika boyunca kapağı açık olarak pişirin. Kestane püresi, galeta unu, tuz ve karabiber ile yumurtaları iyice karıştırın. Sadece dolgu kuru tarafta kalırsa sütle koyulaştırın. Soğuk kullanın.

Kremalı kestane ve sosis dolgusu

900g / 2lb / 5 bardak yapar

Kümes hayvanları ve oyun için.

Hazırlamayı Kremalı Kestane Dolgusu gibi hazırlayın, ancak kestane püresinin yarısı yerine 250g/9 ons/bir cömert 1 bardak sosis koyun.

Bütün kestane dolgulu kremalı kestane

900g / 2lb / 5 bardak yapar

Kümes hayvanları için.

Kestane krema dolgusunu hazırlayın, ancak 12 adet pişmiş ve doğranmış kestaneyi galeta unuyla birlikte ekleyin.

Maydanoz ve kekik ile kestane dolgusu

675 gr / 1½ lb / 4 fincan yapar

Hindi ve tavuk için.

15 ml/1 yemek kaşığı tereyağı veya margarin
5 ml/1 çay kaşığı ayçiçek yağı
1 küçük soğan, ince kıyılmış
1 diş sarımsak, ezilmiş
50 gr kuru maydanoz ve kekik dolgu karışımı
440 gr konserve şekersiz kestane püresi
150 ml/¼ puan/2/3 su bardağı sıcak su
1 limonun ince rendelenmiş kabuğu
1,5-2,5ml/¼-½ çay kaşığı tuz

Tereyağı veya margarini ve yağı 1,25 litrelik bir kaseye koyun. Açıkta tam gazda 25 saniye ısıtın. Soğan ve sarımsağı ekleyin. Kapağı açık olarak tam gazda 3 dakika pişirin. Kuru dolgu karışımını ekleyin ve iyice karıştırın. İki kez karıştırarak 2 dakika yüksekte pişirin. Mikrodalgadan çıkarın. Pürüzsüz olana kadar sıcak su ile dönüşümlü olarak kestane püresini yavaş yavaş ekleyin. Tatmak için limon kabuğu rendesi ve tuzu karıştırın. Soğuk kullanın.

Jambonlu kestane dolması

675 gr / 1½ lb / 4 fincan yapar

Hindi ve tavuk için.

Maydanoz ve Kekik ile Kestane Doldurma gibi hazırlayın, ancak limon kabuğu rendesi ve tuzla birlikte 75 gr/3 oz/¾ fincan kıyılmış jambon ekleyin.

tavuk ciğeri dolması

350g / 12oz / 2 bardak yapar

Kümes hayvanları ve oyun için.

125 gr tavuk ciğeri
25g/1 ons/2 yemek kaşığı tereyağı veya margarin
1 soğan, rendelenmiş
30 ml/2 yemek kaşığı ince kıyılmış maydanoz
1,5 ml/¼ çay kaşığı öğütülmüş yenibahar
125 gr / 4 ons / 2 su bardağı taze beyaz veya kahverengi galeta unu
Tuz ve taze çekilmiş karabiber
gerekirse tavuk suyu

Karaciğeri yıkayın ve mutfak kağıdı üzerinde kurutun. Küçük parçalar halinde kesin. Tereyağı veya margarini 1,25 litrelik bir kaba koyun. 1 dakika boyunca yüksekte ısıtın. Soğanı ekleyin. Bir kez karıştırarak 2 dakika boyunca kapağı açık olarak pişirin. Ciğerleri ekleyin. 3 kez karıştırarak 3 dakika boyunca açıkta çözün. Maydanoz, yenibahar ve galeta unu ile tatlandırın ve baharatlayın. Sadece dolgu kuru tarafta kalırsa biraz stokla bağlayın. Soğuk kullanın.

Ceviz ve portakal ile doldurulmuş tavuk ciğeri

350g / 12oz / 2 bardak yapar

Kümes hayvanları ve oyun için.

Tavuk ciğeri dolgusu olarak hazırlayın, ancak galeta unuyla birlikte 30 ml/2 yemek kaşığı kırık ceviz ve 5 ml/1 çay kaşığı ince rendelenmiş portakal kabuğu ekleyin.

Üçlü somun doldurma

350g / 12oz / 2 bardak yapar

Kümes hayvanları ve et için.

15 ml/1 yemek kaşığı susam yağı
1 diş sarımsak, ezilmiş
125 gr ince çekilmiş fındık
125 gr / 4 ons / 2/3 su bardağı ince öğütülmüş ceviz
125 gr / 4 ons / 2/3 su bardağı ince öğütülmüş badem
Tuz ve taze çekilmiş karabiber
1 yumurta, çırpılmış

Yağı oldukça büyük bir kaseye dökün. 1 dakika boyunca yüksekte ısıtın. Sarımsağı ekleyin. 1 dakika kadar yüksekte kapağı açık olarak pişirin. Tüm fındıkları karıştırın ve tadın. Yumurta ile bağlayın. Soğuk kullanın.

Patates ve hindi ciğeri dolgusu

675 gr / 1½ lb / 4 fincan yapar

Kümes hayvanları için.

450 gr unlu patates

25g/1 ons/2 yemek kaşığı tereyağı veya margarin

1 soğan, doğranmış

2 dilim pastırma çizgili, doğranmış

5 ml/1 çay kaşığı kurutulmuş karışık otlar

45 ml/3 yemek kaşığı ince kıyılmış maydanoz

2,5 ml/½ çay kaşığı öğütülmüş tarçın

2,5 ml/½ çay kaşığı öğütülmüş zencefil

1 yumurta, çırpılmış

Tuz ve taze çekilmiş karabiber

Patatesleri kremalı patates için tarif edildiği gibi ancak sadece 60 ml/4 yemek kaşığı su ile pişirin. Süzün ve püre haline getirin. Tereyağı veya margarini 1,25 litrelik bir kaba koyun. 1 dakika boyunca yüksekte ısıtın. Soğan ve pastırmayı karıştırın. Kapağı açık olarak tam gazda 3 dakika iki kez karıştırarak pişirin. Patates dahil kalan tüm malzemeleri karıştırın, tadına göre baharatlayın. Soğuk kullanın.

otlar ile pirinç doldurma

450g/1lb/22/3 bardak yapar

Kümes hayvanları için.

125g / 4 ons / 2/3 fincan pişirmesi kolay uzun taneli pirinç
250 ml/8 fl oz/1 bardak kaynar su
2,5 ml/½ çay kaşığı tuz
25g/1 ons/2 yemek kaşığı tereyağı veya margarin
1 küçük soğan, rendelenmiş
5 ml/1 çay kaşığı kıyılmış maydanoz
5 ml/1 çay kaşığı kişniş yaprağı (kişniş).
5 ml/1 çay kaşığı adaçayı
5 ml/1 çay kaşığı fesleğen yaprağı

Pirinci belirtilen şekilde su ve tuzla pişirin. Tereyağı veya margarini 1,25 litrelik bir kaba koyun. 1 dakika boyunca yüksekte ısıtın. Soğanı karıştırın. Kapaksız, tam olarak 1 dakika boyunca bir kez karıştırarak pişirin. Pirinç ve otlar ile karıştırın. Soğuk kullanın.

İspanyol usulü domatesli pilav

450g/1lb/2 2/3 bardak yapar

Kümes hayvanları için.

125g / 4 ons / 2/3 fincan pişirmesi kolay uzun taneli pirinç
250 ml/8 fl oz/1 bardak kaynar su
2,5 ml/½ çay kaşığı tuz
25g/1 ons/2 yemek kaşığı tereyağı veya margarin
1 küçük soğan, rendelenmiş
30 ml/2 yemek kaşığı doğranmış yeşil (paprika) biber
1 domates, doğranmış
30ml/2 yemek kaşığı doğranmış doldurulmuş zeytin

Pirinci belirtilen şekilde su ve tuzla pişirin. Tereyağı veya margarini 1,25 litrelik bir kaba koyun. 1 dakika boyunca yüksekte ısıtın. Soğan, yeşil biber, domates ve zeytinleri ekleyip karıştırın. Bir kez karıştırarak 2 dakika boyunca kapağı açık olarak pişirin. Pirinçle karıştırın. Soğuk kullanın.

meyveli pirinç dolgusu

450g/1lb/22/3 bardak yapar

Kümes hayvanları için.

125g / 4 ons / 2/3 fincan pişirmesi kolay uzun taneli pirinç
250 ml/8 fl oz/1 bardak kaynar su
2,5 ml/½ çay kaşığı tuz
25g/1 ons/2 yemek kaşığı tereyağı veya margarin
1 küçük soğan, rendelenmiş
5 ml/1 çay kaşığı kıyılmış maydanoz
6 yarım kuru kayısı, doğranmış
6 adet çekirdeksiz (çekirdekleri çıkarılmış) erik, doğranmış
5 ml/1 çay kaşığı ince rendelenmiş clementine veya satsuma kabuğu rendesi

Pirinci belirtilen şekilde su ve tuzla pişirin. Tereyağı veya margarini 1,25 litrelik bir kaba koyun. 1 dakika boyunca yüksekte ısıtın. Soğan, maydanoz, kayısı, kuru erik ve kabuğu rendeleyin. Kapaksız, tam olarak 1 dakika boyunca bir kez karıştırarak pişirin. Pirinçle karıştırın. Soğuk kullanın.

Uzak Doğu'dan pirinç dolgusu

450g/1lb/22/3 bardak yapar

Kümes hayvanları için.

Otlarla doldurulmuş pirinç gibi hazırlayın, ancak sadece kişniş (kişniş) kullanın. 6 su kestanesi, konserve ve dilimlenmiş ve 30ml/2 yemek kaşığı iri kıyılmış kavrulmuş kajuları soğanla birlikte ekleyin.

Fındıklı doyurucu pirinç dolgusu

450g/1lb/22/3 bardak yapar

Kümes hayvanları için.

Baharatlı pirinç dolgusu gibi hazırlayın ama sadece maydanoz kullanın. 30ml/2 yemek kaşığı kuşbaşı doğranmış ve kavrulmuş bademleri ve 30ml/2 yemek kaşığı tuzlu yer fıstığını soğanla birlikte ekleyin.

çikolatalı çıtırlar

güç 16

75 gr tereyağ veya margarin
30ml/2 yemek kaşığı altın (hafif mısır) şurubu, eritilmiş
15ml/1 yemek kaşığı kakao tozu (şekersiz çikolata), elenmiş
45 ml/3 yemek kaşığı toz şeker
75 gr mısır gevreği

Tereyağı veya margarin ve şurubu, üstü açık olarak 2-3 dakika eritin. Kakao ve şekeri katıp karıştırın. Büyük bir metal kaşık kullanarak mısır gevreğini katlayın ve iyice kaplanana kadar fırlatın. Kağıt kek kalıplarına (kek kağıdı) doldurun, bir tahta veya tepsiye yerleştirin ve katılaşana kadar buzdolabında saklayın.

Çikolatalı bir tür kek

8 servis

Hafif ve kabarık bir dokuya ve yoğun bir çikolata aromasına sahip rüya gibi bir Kuzey Amerika mutfak robotu pastası.

100 gr/4 ons/1 su bardağı sade (tatlı) çikolata, parçalara ayrılmış

225 gr / 8 oz / 2 su bardağı kendiliğinden kabaran (kendinden kabaran) un

25 gr/1 ons/2 yemek kaşığı kakao tozu (şekersiz çikolata).

1,5 ml/¼ çay kaşığı kabartma tozu (kabartma tozu)

200 gr / 7 ons / 1 su bardağından biraz az koyu yumuşak kahverengi şeker

150 gr mutfak sıcaklığında tereyağ veya yumuşak margarin

5 ml/1 çay kaşığı vanilya özü (özü)

2 büyük yumurta, mutfak sıcaklığında

120ml/4 fl oz/½ fincan ayran veya her biri 60ml/4 yemek kaşığı yağsız süt ve sade yoğurt

Üzerine serpmek için pudra şekeri

Düz, derin, 20 cm/8" çaplı bir sufle kalıbının altını ve yanlarını streç filmle (plastik sargı) sıkıca hizalayın. Küçük bir kapta çikolatayı iki kez karıştırarak 3-4 dakika eritin. Un, kakao ve kabartma tozunu doğrudan bir mutfak robotunun kasesine eleyin. Kalan tüm malzemelerle birlikte eritilmiş çikolatayı ekleyin ve yaklaşık 1 dakika veya malzemeler iyice birleşene ve karışım kalın bir hamuru andırana kadar işleyin. Hazırlanan tabağa dökün ve gevşek bir şekilde mutfak kağıdı ile örtün. Kek tavanın üstüne çıkana ve üst kısım küçük, kırık kabarcıklarla kaplanana ve oldukça kuru görünene kadar tavayı iki kez çevirerek 9-10 dakika yüksekte pişirin. Yapışkan lekeler kalırsa, 20-30 saniye daha tam gazda pişirin. Yaklaşık 15 dakika mikrodalgaya koyun (kek hafifçe çökecektir), ardından çıkarın ve ılık olana kadar soğumaya bırakın. Streç filmden tutarak yavaşça tavadan çıkarın ve tamamen soğuması için bir tel ızgara üzerine yerleştirin. Servis yapmadan önce streç filmi çıkarın ve üzerine elenmiş pudra şekeri serpin. Hava geçirmez bir kapta saklayın. Servis yapmadan önce streç filmi çıkarın ve üzerine elenmiş pudra şekeri serpin. Hava geçirmez bir kapta saklayın. Servis yapmadan önce streç filmi çıkarın ve üzerine elenmiş pudra şekeri serpin. Hava geçirmez bir kapta saklayın.

moka keki

8 servis

Devil's Food Cake gibi hazırlayın ama soğuduktan sonra pastayı yatay olarak üç kat olacak şekilde kesin. Kalınlaşana kadar 450 ml/¾ pt/2 fincan çift çırpma (ağır) veya ağır krema. Biraz elenmiş pudra şekeri ile tatlandırın, ardından soğuk siyah kahve ile iyice baharatlayın. Kek katmanlarını birleştirmek için kremanın bir kısmını kullanın, ardından kalanını üst ve yan taraflara çevirin. Servis yapmadan önce biraz soğutun.

katmanlı kek

8 servis

Devil's Food Cake gibi hazırlayın ama soğuduktan sonra pastayı yatay olarak üç kat olacak şekilde kesin. Kayısı reçeli, çırpılmış krema ve rendelenmiş çikolata veya çikolata sosu ile birlikte sandviç.

Karaorman pastası

8 servis

Devil's Food Cake gibi hazırlayın, ancak soğuyan keki yatay olarak üç tabana kesin ve her birini vişne likörü ile kaplayın. Vişne reçeli (reçel) veya kiraz meyve dolgusu ile birlikte sandviç. 300 ml/½ pt/1¼ bardak veya ağır kremayı koyulaşana kadar çift çırpma (ağır). Pastanın üstüne ve kenarlarına yayın. Kenarlara bir parça ezilmiş çikolata gevreği veya rendelenmiş çikolata bastırın ve üst kısmı ikiye bölünmüş glacé (şekerlenmiş) kirazlarla süsleyin.

Çikolatalı Portakallı Kek

8 servis

Devil's Food Cake gibi hazırlayın ancak soğuyan keki yatay olarak üç tabana bölün ve her birini portakal likörü ile ıslatın. İnce rendelenmiş portakal marmelatı ve ince bir yuvarlak badem ezmesi (badem ezmesi) ile birlikte sandviç. 300 ml/½ pt/1¼ bardak veya ağır kremayı koyulaşana kadar çift çırpma (ağır). 10-15ml/2-3 çay kaşığı pekmezle renklendirin ve hafifçe tatlandırın, ardından 10ml/2 çay kaşığı rendelenmiş portakal kabuğu rendesi ile karıştırın. Pastanın üstüne ve kenarlarına yayın.

Çikolatalı Tereyağlı Kremalı Pasta

8-10 kişi için

30ml/2 yemek kaşığı kakao tozu (şekersiz çikolata).

60ml/4 yemek kaşığı kaynar su

175 gr mutfak sıcaklığında tereyağ veya margarin

175 gr / 6 ons / ¾ fincan koyu yumuşak kahverengi şeker

5 ml/1 çay kaşığı vanilya özü (özü)

3 yumurta, mutfak sıcaklığında

175 gr / 6 ons / 1½ fincan kendi kabaran (kendi kendine kabaran) un

15 ml/1 yemek kaşığı pekmez (pekmez)

tereyağlı krema

üzerine serpmek için pudra şekeri (isteğe bağlı)

18 x 9 cm/7 x 3½ inç güveç kabının altını ve yanlarını streç filmle (plastik sargı) sıkıca hizalayın ve kenardan hafifçe sarkmasını

sağlayın. Kaynayan suya kakaoyu pürüzsüz olana kadar karıştırın. Hafif ve kabarık olana kadar tereyağı veya margarin, şeker ve vanilya esansını krema haline getirin. Yumurtaları birer birer çırpın ve her birine 15 ml/1 yemek kaşığı un ekleyin. Kalan unu siyah şurupla eşit şekilde birleşene kadar katlayın. Hazırlanan tavaya eşit şekilde yayın ve mutfak kağıdı ile gevşek bir şekilde örtün. Kek kabarana ve üzeri ıslak görünmeyene kadar 6-6½ dakika tam gazda pişirin. Çok uzun süre pişirmeyin yoksa kek küçülür ve çiğnenir. 5 dakika bekletin, sonra streç filmden (plastik sargı) tutarak pastayı kalıbından çıkarın. ve bir tel raf üzerine yerleştirin. Sargıyı dikkatlice soyun ve soğumaya bırakın. Pastayı yatay olarak üç katmana dilimleyin ve kremayla (dondurma) birlikte sandviç yapın. Dilerseniz kesmeden önce üzerine elenmiş pudra şekeri serpin.

Çikolatalı Moka Kek

8-10 kişi için

Çikolatalı tereyağlı kremalı kek gibi hazırlayın, ancak tereyağlı kremayı (dondurma) 15 ml/1 çorba kaşığı çok koyu kahve ile tatlandırın. Daha yoğun bir tat için sıvı kahveye 5 ml/1 çay kaşığı öğütülmüş kahve ekleyin.

portakallı çikolatalı kek

8-10 kişi için

Çikolatalı tereyağlı kremalı kek gibi hazırlayın, ancak kek malzemelerine 10 ml/2 çay kaşığı ince rendelenmiş portakal kabuğu rendesi ekleyin.

Çift Çikolatalı Kek

8-10 kişi için

Çikolatalı Buttercream Cake'deki gibi hazırlayın ancak 100g/4 oz/1 fincan eritilmiş ve soğutulmuş sade (yarı tatlı) çikolatayı buttercream kremasına (donma) ekleyin. Kullanmadan önce ayarlanmasına izin verin.

Krem şanti ve cevizli kek

8-10 kişi için

1 Çikolatalı Tereyağlı Kremalı Pasta
300 ml/½ pt/1¼ bardak çift (ağır) krema
150 ml/¼ puan/2/3 su bardağı krem şanti
45 ml/3 yemek kaşığı pudra şekeri, elenmiş
Vanilya, gül, kahve, limon, portakal, badem, ratafya gibi herhangi bir aroma özü (özü)
Süslemek için fındık, rendelenmiş çikolata, gümüş drajeler, şekerlenmiş çiçek yaprakları veya şekerlenmiş meyve

Pastayı yatay olarak üç katmana kesin. Kremaları koyulaşana kadar birlikte çırpın. Tatmak için pudra şekeri ve tatlandırıcı katlayın. Kek tabanlarını krema ile katlayın ve üstünü dilediğiniz gibi süsleyin.

Yılbaşı keki

8-10 kişi için

1 Çikolatalı Tereyağlı Kremalı Pasta
45 ml/3 yemek kaşığı çekirdeksiz ahududu reçeli (reçel)
Badem ezmesi (badem ezmesi)
300 ml/½ pt/1¼ bardak çift (ağır) krema
150 ml/¼ puan/2/3 su bardağı krem şanti
60 ml/4 yemek kaşığı toz şeker
Garnitür için glacé (şekerlenmiş) kirazlar ve yenilebilir çobanpüskülü dalları

Keki üç kat halinde kesin ve reçelle birlikte ince bir şekilde açılmış marzipan halkaları ile süsleyin. Krema ve pudra şekerini kabarana kadar çırpın ve pastanın üzerini ve yanlarını kaplayın. En üstünü kiraz ve holly ile süsleyin.

Amerikan kekleri

güç 12

50 gr/2 ons/½ fincan bitter çikolata, parçalara ayrılmış
75 gr tereyağ veya margarin
175 gr / 6 ons / ¾ fincan koyu yumuşak kahverengi şeker
2 yumurta, mutfak sıcaklığında, çırpılmış
150 gr / 5 ons / 1¼ fincan sade (çok amaçlı) un
1,5 ml/¼ çay kaşığı karbonat
5 ml/1 çay kaşığı vanilya özü (özü)

30 ml/2 yemek kaşığı soğuk süt
Üzerine serpmek için pudra şekeri

Tereyağı ve taban 25 x 16 3 5 cm / 10 x 6½ 3 2 inçlik bir kase. Çikolata ve tereyağı veya margarini yüksek hızda 2 dakika eritin ve iyice karışana kadar karıştırın. İyice birleştirilene kadar şeker ve yumurtaları çırpın. Unu ve kabartma tozunu eleyin, ardından vanilya aroması ve sütle birlikte çikolata karışımına yavaşça karıştırın. Hazırlanan tabağa eşit şekilde yayın ve mutfak kağıdı ile gevşek bir şekilde örtün. Kek kabarana ve üzerinde küçük hava cepleri oluşana kadar 7 dakika tam gazda pişirin. Kalıpta 10 dakika soğumaya bırakın. Kareler halinde kesin, üstlerine oldukça kalın bir şekilde pudra şekeri serpin, ardından bir tel ızgara üzerinde tamamen soğumaya bırakın. Hava geçirmez bir kapta saklayın.

Çikolatalı Fındıklı Kek

güç 12

Amerikan kekleri gibi hazırlayın, ancak 90 ml/6 yemek kaşığı iri kıyılmış cevizi şekerle birlikte ekleyin. 1 dakika daha pişirin.

Yulaf ve şekerleme üçgenleri

güç 8

125 gr tereyağ veya margarin
50 gr / 2 ons / 3 yemek kaşığı altın (hafif mısır) şurubu

25 ml/1 ½ yemek kaşığı siyah şurup (pekmez)

100g/4 oz/½ fincan koyu yumuşak kahverengi şeker

225 gr / 8 ons / 2 su bardağı yulaf ezmesi

20 cm çapında derin bir kabı iyice yağlayın. Tereyağını, şurubu, pekmezi ve şekeri üstü açık olarak eritin ve 5 dakika çözülmesini bekleyin. Yulaf ezmesini ekleyin ve karışımı kalıba dağıtın. Kapağı açık olarak tam gazda 4 dakika kaseyi bir kez çevirerek pişirin. 3 dakika bekletin. 1½ dakika daha pişirin. Ilık olana kadar soğumaya bırakın, ardından sekiz üçgene bölün. Soğuyunca kalıptan çıkarın ve hava geçirmez bir kapta saklayın.

Müsli Üçgenleri

güç 8

Oaten Toffee Triangles gibi hazırlayın, ancak yulaf ezmesini şekersiz müsli ile değiştirin.

Çikolatalı Kraliçeler

güç 12

125 gr / 4 oz / 1 su bardağı kendi kabaran (kendi kendine kabaran) un

30ml/2 yemek kaşığı kakao tozu (şekersiz çikolata).

50g/2 oz/¼ fincan mutfak sıcaklığında tereyağı veya margarin

50 gr / 2 ons / ¼ fincan hafif yumuşak kahverengi şeker

1 yumurta

5 ml/1 çay kaşığı vanilya özü (özü)

30 ml/2 yemek kaşığı soğuk süt

Süslemek için pudra şekeri veya çikolata sosu (isteğe bağlı)

Un ve kakaoyu birlikte eleyin. Ayrı bir kapta, tereyağı veya margarini ve şekeri yumuşak ve kabarık olana kadar çırpın. Yumurta ve vanilya özünü çırpın. Süt ile dönüşümlü olarak un karışımını ekleyin ve çırpmadan bir çatalla kuvvetlice karıştırın. 12 adet kağıt kek kalıbına (kek kağıtları) paylaştırın. Cam veya plastik döner tablaya her seferinde altı tane koyun, mutfak kağıdıyla gevşek bir şekilde örtün ve 2 dakika yüksekte pişirin. Bir tel raf üzerinde soğutun. İsterseniz elenmiş pudra şekeri serpin veya çikolatalı krema ile yayın. Hava geçirmez bir kapta saklayın.

Gevrek Çikolatalı Queenies

güç 12

Chocolate Queenies gibi hazırlayın, ancak küçük bir çikolatayı ezin ve yumurta ve vanilya esansını ekledikten sonra kek karışımına hafifçe karıştırın.

Kepekli ve ananaslı kahvaltı keki

Yaklaşık 12 parça yapar

Oldukça kalın bir kek ve yoğurt ve içecek ile servis edilen sağlıklı bir atıştırmalık kahvaltı.

100g / 3½ ons / 1 su bardağı Tam Kepekli Tahıl

50 gr/2 ons/¼ fincan koyu yumuşak kahverengi şeker

175 gr / 6 oz konserve ezilmiş ananas

20 ml/4 çay kaşığı kalın bal

1 yumurta, çırpılmış

300 ml/½ puan/1¼ su bardağı yağsız süt

150 gr / 5 ons / 1 ¼ fincan kendiliğinden kabaran (kendinden kabaran)
tam buğday unu

18 cm çapında bir güveç kabının altını ve yanlarını streç filmle (plastik sargı) sıkıca kaplayın ve kenarlarından çok az sarkmasına izin verin. Granola, şeker, ananas ve balı bir kaseye koyun. Bir tabakla örtün ve 5 dakika çözülmesine izin verin. Kalan malzemeleri birlikte, çırpmadan kuvvetlice karıştırarak karıştırın. Hazırlanan yemeği koyun. Gevşek bir şekilde mutfak kağıdı ile örtün ve buz çözme modunda 20 dakika pişirin, tabağı dört kez çevirin. Isınana kadar soğumaya bırakın, ardından streç filmi tutarak bir tel rafa aktarın. Tamamen soğuyunca dilimlemeden önce hava geçirmeyen bir kapta 1 gün bekletin.

Meyveli Çikolatalı Pandispanya Kek

10-12 yapar

200g / 7 oz / 1 fincandan biraz az sade (yarı tatlı) çikolata, karelere ayrılmış
225 gr / 8 ons / 1 su bardağı tuzsuz (tatlı) tereyağı (margarin değil)
2 büyük yumurta, mutfak sıcaklığında, çırpılmış
5 ml/1 çay kaşığı vanilya özü (özü)
75 gr / 3 oz / ¾ fincan iri kıyılmış karışık kuruyemiş
75 gr / 3 ons / ¾ fincan doğranmış kristalize ananas veya papaya
75 gr / 3 ons / ¾ fincan kıyılmış kristalize zencefil

25 ml/1½ yemek kaşığı pudra şekeri, elenmiş
15ml/1 yemek kaşığı Grand Marnier veya Cointreau gibi meyve likörü
225g / 8 ons sade tatlı bisküviler (kurabiyeler), sindirim sıvıları (Graham Krakerleri) gibi, her biri 8 parçaya bölünmüş

8 inç (20 cm) çapında bir kasenin veya pandispanya kalıbının (tavanın) altını ve yanlarını streç filmle (plastik sargı) sıkıca hizalayın. Açık büyük bir kapta, çikolata parçacıklarını eritin ve çok yumuşak olana kadar çözün, ancak orijinal şeklini 4-5 dakika koruyun. Tereyağını iri küpler halinde kesin ve 2-3 dakika üstü açık olarak erimesini bekleyin. Eritilmiş çikolataya yumurta ve vanilya esansı ile birlikte iyice karıştırın. Kalan tüm malzemeleri karıştırın. Her şey iyice karıştığında, hazırlanan tavaya yayın ve folyo veya streç filmle (plastik sargı) örtün. 24 saat buzdolabında bekletin, ardından streç filmi dikkatlice kaldırın ve soyun. Servis yapmak için parçalara ayırın. Porsiyonlar arasında buzdolabında saklayın

Meyveli Mocha Kurabiye Crunch Kek

10-12 yapar

Meyveli Çikolatalı Bisküvili Çıtır Kek gibi hazırlayın ancak 20 ml/4 çay kaşığı hazır kahve tozunu veya granüllerini çikolata ile eritin ve meyve likörünü kahve likörü ile değiştirin.

Meyveli rom ve kuru üzümlü bisküvili çıtır çıtır kek

10-12 yapar

Meyveli Çikolatalı Bisküvili Çıtır Kek gibi hazırlayın, ancak şekerlenmiş meyve yerine 100 gr kuru üzüm ve likör için koyu rom kullanın.

Meyveli Viski ve Portakallı Bisküvili Crunch Cake

10-12 yapar

Meyveli Çikolatalı Bisküvili Çıtır Kek gibi hazırlayın ancak 1 portakalın ince rendelenmiş kabuğunu çikolata ve tereyağına ekleyip likörü viski ile değiştirin.

Beyaz çikolatalı meyveli çıtır kek

10-12 yapar

Meyveli Çikolatalı Bisküvili Çıtır Kek gibi hazırlayın, ancak bitter çikolatayı beyazla değiştirin.

İki Katlı Kayısılı Frambuazlı Cheesecake

12 servis

taban için:
100 gram tereyağı
225 gr / 8 ons / 2 su bardağı Çikolatalı Sindirim Kurabiyesi (Graham Kraker) Kırıntıları

5 ml/1 çay kaşığı karışık (elmalı turta) çeşni

Kayısı katı için:

60ml/4 yemek kaşığı soğuk su

30 ml/2 yemek kaşığı öğütülmüş jelatin

500 gr süzme peynir (yumuşak süzme peynir).

250 gr / 9 oz / 1¼ su bardağı süzme peynir veya süzme peynir

60 ml/4 yemek kaşığı pürüzsüz kayısı reçeli (reçel)

75 gr / 3 ons / 2/3 su bardağı pudra (çok ince) şeker

3 yumurta, ayrılmış

Bir tutam tuz

Ahududu katmanı için:

45ml/3 yemek kaşığı soğuk su

15 ml/1 yemek kaşığı öğütülmüş jelatin

225g/8 ons taze ahududu, ezilmiş ve elenmiş (geçirilmiş)

30 ml/2 yemek kaşığı toz şeker

150 ml/¼ puan/2/3 fincan çift (ağır) krema

dekorasyon için:

Taze ahududu, çilek ve frenk üzümü şeritleri

Tabanı için, buzunu çözerek 3–3½ dakika tereyağını açıkta eritin. Kurabiye kırıntılarını ve karışık baharatları karıştırın. 25 cm'lik kelepçeli kalıbın tabanına eşit şekilde yayın. Sertleşene kadar 30 dakika soğutun.

Kayısı katı için su ve jelatini bir kaba alıp iyice karıştırın. Yumuşak olana kadar 5 dakika bekletin. Açıkta eritin, 2½–3 dakika çözün. Süzme peynir, krem peynir veya süzme peynir, reçel, şeker ve yumurta sarısını bir mutfak robotuna koyun ve malzemeler iyice birleşene kadar çalıştırın. Büyük bir kaseye kazıyın, bir tabakla örtün ve koyulaşmaya başlayana ve kenarlara yerleşene kadar soğutun. Yumurta akı ve tuzu sertleşene kadar çırpın. Peynir karışımının üçte birini çırpın, ardından kalanını metal bir kaşık veya spatula ile katlayın. Bisküvi tabanının üzerine eşit şekilde yayın. Mutfak kağıdıyla gevşek bir şekilde örtün ve sertleşene kadar en az 1 saat buzdolabında saklayın.

Frambuazlı katı için su ve jelatini bir kaba alıp güzelce karıştırın. Yumuşak olana kadar 5 dakika bekletin. 1½–2 dakika boyunca çözülme üzerinde açıkta eritin. Ahududu püresi ve şekeri karıştırın. Folyo veya streç filmle (plastik sargı) örtün ve kalınlaşmaya ve kenarlarında kıvrılmaya başlayana kadar buzdolabında saklayın. Kremayı yumuşayana kadar çırpın. Üçte birini meyve karışımına katlayın, ardından kalanını metal bir kaşık veya spatula ile katlayın. Cheesecake karışımının üzerine eşit şekilde yayın. Gevşek bir şekilde örtün ve sertleşene kadar birkaç saat buzdolabında saklayın. Servis yaparken, cheesecake'i kabartmak için sıcak suya batırılmış bir bıçağı iç kenar boyunca gezdirin. Kutunun klipslerini açın ve tarafı çıkarın. En üstünü meyvelerle süsleyin.

Fıstık Ezmeli Cheesecake

10 servis

taban için:

100 gram tereyağı

225 gr / 8 ons / 2 su bardağı zencefilli bisküvi (bisküvi kırıntıları).

Kaplama için:

90ml/6 yemek kaşığı soğuk su

45 ml/3 yemek kaşığı öğütülmüş jelatin

750 gr süzme peynir (yumuşak süzme peynir).

4 yumurta, ayrılmış

5 ml/1 çay kaşığı vanilya özü (özü)

150 gr/5 ons/2/3 su bardağı toz şeker (çok ince) şeker

Bir tutam tuz

150 ml/¼ puan/2/3 fincan çift (ağır) krema

60ml/4 yemek kaşığı yumuşak fıstık ezmesi, mutfak sıcaklığında

Kıyılmış hafif tuzlu veya sade fıstık (isteğe bağlı)

Tabanı için, buzunu çözerek 3–3½ dakika tereyağını açıkta eritin. Bisküvi kırıntılarını karıştırın. 20 cm'lik bir kelepçeli kalıbın (tavanın) tabanına yayın ve sertleşene kadar 20-30 dakika soğutun.

Üzeri için, su ve jelatini bir kaba alıp iyice karıştırın. Yumuşatmak için 5 dakika bekletin. Açıkta eritin, 3–3½ dakika çözün. Peyniri, yumurta sarısını, vanilya esansını ve şekeri bir mutfak robotuna koyun ve pürüzsüz olana kadar karıştırın. Büyük bir kaseye kazıyın. Yumurta akı ve tuzu sertleşene kadar çırpın. Kremayı yumuşayana kadar çırpın. Yumurta akı ve kremayı dönüşümlü olarak peynir karışımına katlayın. Son olarak fıstık ezmesini karıştırın. Hazırlanan tabağa eşit şekilde yayın, sıkıca kapatın ve en az 12 saat buzdolabında saklayın. Servis yaparken, gevşetmek için sıcak suya batırılmış bir bıçakla yanlara doğru kaydırın. Kutunun klipslerini açın ve yanları çıkarın. Dilerseniz kıyılmış fıstıklarla süsleyin. Sıcak suya batırılmış bir bıçakla porsiyonlar halinde kesin.

Limonlu lor cheesecake

10 servis

Fıstık ezmeli cheesecake gibi hazırlayın, ancak fıstık ezmesi yerine limonlu lor kullanın.

çikolatalı Cheesecake

10 servis

Fıstık ezmeli cheesecake gibi hazırlayın, ancak fıstık ezmesi yerine çikolata sürün.

Sharon Meyveli Cheesecake

10 servis

Domates benzeri meyve tamarillo'ya dayanan bir Yeni Zelandalı tarafından bana gönderilen bir tarif. Bulmak her zaman kolay olmayan kış sharon meyvesi, çok olgun oldukları sürece takdire şayan bir ikame, hatta hurma gibi görünen bir meyvedir.

taban için:

175 gr tereyağı

100g/3½ ons/½ fincan hafif yumuşak kahverengi şeker

225 g / 8 oz malt bisküvi kırıntıları (kurabiye kırıntıları).

Dolgu için:

4 Sharon meyvesi, doğranmış

100g/4 oz/½ fincan hafif yumuşak kahverengi şeker

30 ml/2 yemek kaşığı öğütülmüş jelatin

30ml/2 yemek kaşığı soğuk su

300 gram krem peynir

3 büyük yumurta, ayrılmış

½ limon suyu

25 cm'lik kelepçeli kalıbı iyice durulayın ve ıslak bırakın. Tereyağını veya margarini üstü açık olarak 3–3½ dakika eritin. Şeker ve kurabiye kırıntılarını karıştırın. Kalıbın tabanına eşit şekilde bastırın. Turta dolgusunu hazırlarken soğutun.

Dolgu için Sharon meyvesini bir kaseye koyun ve üzerine şekerin yarısını serpin. Jelatini bir kaseye koyun ve suyla karıştırın. Yumuşak olana kadar 5 dakika bekletin. Açıkta eritin, 3–3½ dakika çözün. Ayrı bir kapta peyniri kabarana kadar çırpın, ardından jelatini, yumurta sarısını, limon suyunu ve kalan şekeri ekleyin. Yumurta aklarını sertleşene kadar çırpın. Sharon meyvesi ile dönüşümlü olarak peynir karışımına katlayın. Bisküvi tabanının üzerine dökün ve bir gece buzdolabında bekletin. Servis yapmak için, sıcak suya batırılmış bir bıçağı gevşetmek için kenarlarından geçirin, ardından kutuyu gevşetin ve kenarlarını çıkarın.

Yabanmersinli peynir pastası

10 servis

Sharon meyveli cheesecake gibi hazırlayın, ancak Sharon meyvesini 350 g yaban mersini ile değiştirin.

Fırında Limonlu Cheesecake

10 servis

taban için:

75 gr / 3 ons / 1/3 fincan tereyağı, mutfak sıcaklığında

175 gr / 6 ons / 1½ fincan Sindirim Kurabiyeleri (Graham Krakerleri) kırıntıları

30 ml/2 yemek kaşığı toz şeker

Dolgu için:

450 g / 1 lb / 2 su bardağı orta yağlı süzme peynir (yumuşak süzme peynir), mutfak sıcaklığında

75 gr / 3 ons / 1/3 su bardağı toz şeker (çok ince) şeker

2 büyük yumurta, mutfak sıcaklığında

5 ml/1 çay kaşığı vanilya özü (özü)

15 ml/1 yemek kaşığı mısır nişastası (mısır nişastası)

1 limonun ince rendelenmiş kabuğu ve suyu

150 ml/¼ puan/2/3 fincan çift (ağır) krema

150 ml / 5 ons / 2/3 su bardağı ekşi krema

Tabanı için tereyağını üstü açık olarak 2-2½ dakika eritin. Bisküvi kırıntılarını ve şekeri ekleyip karıştırın. 20 cm çapındaki bir kasenin altını ve yan tarafını streç filmle (plastik sargı) kaplayın ve kenardan hafifçe sarkmasına izin verin. Kurabiye karışımı ile altını ve yanları kaplayın. Kapağı açık olarak tam gazda 2½ dakika pişirin.

Dolgu için peyniri yumuşayana kadar çırpın, ardından ekşi krema hariç kalan malzemeleri ekleyin. Kırıntı tepsisine dökün ve kağıt havlularla gevşek bir şekilde örtün. Çanağı iki kez çevirerek 12 dakika yüksek ateşte pişirin. Pasta, merkezde biraz hareket olduğunda ve üst kısım yükseldiğinde ve patlamaya başladığında yapılır. 5 dakika bekletin. Mikrodalgadan çıkarın ve üstüne sertleşecek ve soğudukça eşit hale gelecek olan ekşi krema ile hafifçe fırçalayın.

Fırında Limonlu Cheesecake

10 servis

Fırında Limonlu Cheesecake'deki gibi hazırlayın, ancak limonun kabuğunu ve 1 misket limonunun suyunu değiştirin.

Frenk üzümü ile pişmiş cheesecake

10 servis

Fırında Limonlu Cheesecake gibi hazırlayın, ancak tamamen soğuyunca üstüne kaliteli Frenk Üzümü Reçeli (konserve) veya konserve Frenk Üzümü Meyve Dolgusu sürün.

Fırında Frambuazlı Cheesecake

10 servis

Fırında Limonlu Cheesecake gibi hazırlayın, ancak mısır unu (mısır nişastası) yerine ahududulu puding tozu kullanın. En üstünü taze ahududu ile süsleyin.

Nane Patlıcan Sosu

6-8 porsiyon

750 gr / 1½ lb patlıcan (patlıcan)
1 limon suyu
20 ml/4 çay kaşığı zeytinyağı
1-2 diş sarımsak, ezilmiş
250 ml / 8 fl oz / 1 su bardağı süzme peynir veya süzme peynir
15 ml/1 yemek kaşığı kıyılmış nane yaprağı
1,5 ml/¼ çay kaşığı pudra şekeri (çok ince) şeker
7,5-10ml/1½-2 çay kaşığı tuz

Patlıcanların kabuklarını soyup ayıklayın ve uzunlamasına ortadan ikiye kesin. Kesilen tarafı alta gelecek şekilde geniş bir tabağa dizin ve üzerini mutfak kağıdıyla kapatın. Tam gazda 8-9 dakika veya yumuşayana kadar pişirin. Eti kabuklarından doğrudan bir mutfak robotuna alın ve kalan malzemeleri ekleyin. Pürüzsüz ve kremsi bir püre haline getirin. Bir servis kasesine aktarın, servis yapmadan önce örtün ve biraz soğutun.

Domates ve karışık otlar ile patlıcan sosu

6-8 porsiyon

750 gr / 1½ lb patlıcan (patlıcan)
5ml/1 çay kaşığı kıyılmış nane yaprağı
75ml/3 çay kaşığı kıyılmış kişniş (kişniş) yaprakları.
5 ml/1 çay kaşığı kıyılmış maydanoz
3 adet domates, beyazlatılmış, kabukları soyulmuş, çekirdekleri çıkarılmış ve ince doğranmış

Patlıcanların kabuklarını soyup ayıklayın ve uzunlamasına ortadan ikiye kesin. Kesilen tarafı alta gelecek şekilde geniş bir tabağa dizin ve üzerini mutfak kağıdıyla kapatın. Tam gazda 8-9 dakika veya yumuşayana kadar pişirin. Eti kabuklarından doğrudan bir mutfak robotuna alın ve domatesler hariç kalan malzemeleri ekleyin. Pürüzsüz ve kremsi bir püre haline getirin. Domatesleri karıştırın, ardından bir servis kasesine aktarın, servis yapmadan önce üzerini örtün ve biraz soğutun.

Orta Doğu patlıcan ve tahin sosu

6-8 porsiyon

750 gr / 1½ lb patlıcan (patlıcan)
45 ml/3 yemek kaşığı tahin (susam ezmesi)
1 küçük limonun suyu
1 diş sarımsak, ince dilimlenmiş
25ml/1½ yemek kaşığı zeytinyağı
1 küçük soğan, dilimlenmiş
60 ml/4 yemek kaşığı iri kıyılmış kişniş yaprağı (kişniş).
5 ml/1 çay kaşığı pudra şekeri (çok ince) şeker
5-10ml/1-2 çay kaşığı tuz

Patlıcanların kabuklarını soyup ayıklayın ve uzunlamasına ortadan ikiye kesin. Kesilen tarafı alta gelecek şekilde geniş bir tabağa dizin ve üzerini mutfak kağıdıyla kapatın. Tam gazda 8-9 dakika veya yumuşayana kadar pişirin. Hamuru derilerden doğrudan bir mutfak robotuna alın. Tatmak için kalan malzemeleri ve tuzu ekleyin. Pürüzsüz ve kremsi bir püre haline getirin. Servis kasesine alıp oda sıcaklığında servis yapın.

Patlıcan Sosu

6-8 porsiyon

750 gr / 1½ lb patlıcan (patlıcan)
30ml/2 yemek kaşığı zeytinyağı
1 büyük limonun suyu
2,5-5ml/½-1 çay kaşığı tuz
2,5 ml/½ çay kaşığı pudra şekeri (çok ince) şeker
Süslemek için siyah zeytin, kırmızı (biber) biber şeritleri ve domates dilimleri

Patlıcanların kabuklarını soyup ayıklayın ve uzunlamasına ortadan ikiye kesin. Kesilen tarafı alta gelecek şekilde geniş bir tabağa dizin ve üzerini mutfak kağıdıyla kapatın. Tam gazda 8-9 dakika veya yumuşayana kadar pişirin. Eti kabuklarından doğrudan bir mutfak robotuna alın ve kalan malzemeleri ekleyin. Yarı pürüzsüz bir püre haline getirin. Servis kasesine alıp zeytin, biber ve domates dilimleri ile süsleyin.

Yunan patlıcan sosu

6-8 porsiyon

750 gr / 1½ lb patlıcan (patlıcan)
1 küçük soğan, iri rendelenmiş
2 diş sarımsak, ince dilimlenmiş
5 ml/1 çay kaşığı malt sirkesi
5ml/1 çay kaşığı limon suyu
150 ml/¼ puan/2/3 fincan hafif zeytinyağı
2 büyük domates, beyazlatılmış, çekirdekleri çıkarılmış ve kabaca doğranmış
Garnitür için maydanoz, yeşil veya kırmızı (dolmalık) biber halkaları ve küçük siyah zeytin

Patlıcanların kabuklarını soyup ayıklayın ve uzunlamasına ortadan ikiye kesin. Kesilen tarafı alta gelecek şekilde geniş bir tabağa dizin ve üzerini mutfak kağıdıyla kapatın. Tam gazda 8-9 dakika veya yumuşayana kadar pişirin. Eti kabuklarından doğrudan bir mutfak robotuna alın ve soğan, sarımsak, sirke, limon suyu ve yağı ekleyin. Pürüzsüz bir püre haline getirin. Büyük bir kaseye koyun ve domatesleri karıştırın. Servis kasesine alıp maydanoz, biber halkası ve zeytinle süsleyin.

bagna Kauda

4-6 porsiyon için

İtalya'dan inanılmaz derecede zengin ve eşsiz bir hamsi sosu, bir kez hazırlandıktan sonra yemek masasında bir ispirto sobasında sıcak tutulmalıdır. Dunklar genellikle çiğ veya pişmiş sebzelerdir. Yalnızca hafif ve narin soluk altın rengi sızma zeytinyağı kullanın, aksi takdirde aroması çok güçlü olabilir.

30ml/2 yemek kaşığı zeytinyağı
25 gr / 1 ons / 2 yemek kaşığı tuzsuz (tatlı) tereyağı
1 diş sarımsak, ezilmiş
50 gr / 2 ons / 1 küçük kalay yağda hamsi filetosu
60 ml/4 yemek kaşığı ince kıyılmış maydanoz
15 ml/1 yemek kaşığı ince kıyılmış fesleğen yaprağı

Yağ, tereyağı ve sarımsağı metal olmayan, ısıya dayanıklı bir kaba koyun. Hamsi, maydanoz ve fesleğen kutusundaki yağı ekleyin. Hamsileri ince ince doğrayın ve kaseye ekleyin. Kâseyi bir tabakla kısmen kapatın ve sos yeni ısınana kadar 3-4 dakika buz çözme modunda pişirin. Yanan bir ispirto sobasına koyun ve yemek yerken sıcak tutun.

patlıcan güveç

4 servis

Kuzey Amerika'nın bu buharlı bölgesinden benimle birlikte gelen bir Louisiana tarifi.

2 patlıcan (patlıcan), toplamda yaklaşık 550 gr.

1 sap kereviz, ince kıyılmış

1 büyük soğan, ince kıyılmış

½ yeşil (dolmalık biber) biber, tohumlanmış ve ince kıyılmış

30 ml/2 yemek kaşığı ayçiçeği veya mısır yağı

3 domates, kabuklu ve doğranmış

75 gr / 3 ons / 1½ fincan taze beyaz galeta unu

Tuz ve taze çekilmiş karabiber

50 gr / 2 ons / ½ su bardağı rendelenmiş çedar peyniri

Keskin bir bıçak kullanarak her bir patlıcanın kabuğunu uzunlamasına ve çevresinden çizin. Bir tabağa koyun, mutfak kağıdı ile örtün ve bir kez çevirerek 6 dakika yüksek pişirin. Dokunulduğunda yumuşak olmalılar, ancak değilse 1-2 dakika daha pişirin. Her birini çentik boyunca ikiye bölün, ardından eti bir karıştırıcıya veya mutfak robotuna koyun ve derileri atın. Püre haline getirin. 2 litrelik bir Hollanda fırınına kereviz, soğan, yeşil biber ve yağı koyun, bir tabakla örtün ve 3 dakika yüksekte pişirin. Patlıcan püresini, domatesleri, galeta ununu ve isteğe göre tuz ve karabiberi ekleyip 3 dakika daha yüksek ateşte pişirin. Ortaya çıkarın, peynir serpin ve üstü açık olarak 2 dakika yüksekte ısıtın. Servis yapmadan önce 2 dakika bekletin.

Turşu kokteyl mantarları

8 servis

60 ml/4 yemek kaşığı kırmızı şarap sirkesi
60 ml/4 yemek kaşığı ayçiçeği veya mısır yağı
1 soğan, çok ince dilimlenmiş
5ml/1 çay kaşığı tuz
15 ml/1 yemek kaşığı kıyılmış kişniş yaprağı (kişniş).
5 ml/1 çay kaşığı hafif hardal
15ml/1 yemek kaşığı hafif yumuşak kahverengi şeker
5 ml/1 çay kaşığı Worcestershire sosu
kırmızı biber
350 gram mantar

2 litrelik bir Hollanda fırınında sirke, yağ, soğan, tuz, kişniş, hardal, şeker ve Worcestershire sosunu birleştirin ve acı biber serpin. Bir tabakla örtün ve 6 dakika yüksek ateşte ısıtın. Mantarları karıştırın. Soğuyunca üzerini kapatın ve yaklaşık 12 saat buzdolabında bekletin. Süzün ve kremalı sos ile servis yapın.

Yumurta ve çam fıstığı ile pişmiş patlıcan dolması

2 porsiyon

2 patlıcan (patlıcan), toplamda yaklaşık 550 gr.
10ml/2 çay kaşığı limon suyu
75 gr / 3 ons / 1½ fincan taze beyaz veya kahverengi galeta unu
45ml/3 yemek kaşığı kavrulmuş çam fıstığı
7,5 ml/1½ çay kaşığı tuz
1 diş sarımsak, ezilmiş
3 haşlanmış (sert haşlanmış) yumurta, doğranmış
60ml/4 yemek kaşığı süt
5 ml/1 çay kaşığı kurutulmuş karışık otlar
20 ml/4 çay kaşığı zeytinyağı

Keskin bir bıçak kullanarak her bir patlıcanın kabuğunu uzunlamasına ve çevresinden çizin. Bir tabağa koyun, mutfak kağıdı ile örtün ve bir kez çevirerek 6 dakika yüksek pişirin. Dokunulduğunda yumuşak olmalılar, ancak değilse 1-2 dakika daha pişirin. Her birini çentik boyunca ikiye bölün, ardından eti bir blender veya mutfak robotuna koyun ve cildi sağlam bırakın. Limon suyunu ekleyin ve pürüzsüz bir püre haline getirin. Bir kaseye kazıyın ve yağ hariç kalan tüm malzemeleri karıştırın. Patlıcan kabuklarını kaşıkla yerleştirin ve dar uçları ortaya gelecek şekilde bir tabağa dizin. Üzerine yağ gezdirin, mutfak kağıdı ile örtün ve 4 dakika yüksek ateşte ısıtın. Sıcak veya soğuk yiyin.

Yunan mantarları

4 servis

1 poşet buket garni
1 diş sarımsak, ezilmiş
2 defne yaprağı
60ml/4 yemek kaşığı su
30ml/2 yemek kaşığı limon suyu
15 ml/1 yemek kaşığı şarap sirkesi
15 ml/1 yemek kaşığı zeytinyağı
5ml/1 çay kaşığı tuz
450 gram mantar
30ml/2 yemek kaşığı kıyılmış maydanoz

Mantar ve maydanoz dışındaki tüm malzemeleri geniş bir kaseye koyun. Bir tabakla örtün ve 4 dakika yüksek ateşte ısıtın. Mantarları ilave edin, daha önce olduğu gibi üzerini kapatın ve 3½ dakika daha yüksek ateşte pişirin. Soğutun, örtün ve birkaç saat buzdolabında saklayın. Buket garniyi çıkarın, ardından bir kaşıkla mantarları dört tabağa koyun, her birinin üzerine maydanoz serpin ve servis yapın.

enginar sos

4 servis

450 gr yer elması
Vinaigrette sosu, ev yapımı veya mağazadan satın alınmış
10ml/2 çay kaşığı kıyılmış maydanoz
5ml/1 çay kaşığı kıyılmış tarhun

Enginarları ve biraz suyu bir kaseye koyun ve üzerini bir tabakla kapatın. Kaseyi iki kez çevirerek 10 dakika yüksek pişirin. İyice süzün ve kalın dilimler halinde kesin. Hala sıcakken salata sosu ile gezdirin. Dört tabak arasında bölün ve maydanoz ve tarhun serpin.

Sezar salatası

4 servis

1920'lerde Caesar Cardini tarafından yaratılan ve alışılmadık bir şekilde haşlanmış yumurta içeren eşsiz bir salata. Nefis bir şekilde basit bir başlangıç, ancak şık bir şıklığa sahip.

1 marul, soğutulmuş
1 diş sarımsak, ezilmiş
60 ml/4 yemek kaşığı sızma zeytinyağı
Tuz ve taze çekilmiş karabiber
2 büyük yumurta
5 ml/1 çay kaşığı Worcestershire sosu
2 limonun suyu, süzülmüş
90 ml/6 yemek kaşığı taze rendelenmiş Parmesan
50 gr / 2 ons / 1 su bardağı sarımsaklı kruton

Marulu enlemesine 5 cm'lik parçalar halinde kesin ve tatlandırmak için sarımsak, yağ ve baharatlarla birlikte bir salata kasesine koyun. Dikkatlice atın. Yumurtaları bozmak için, bir mısır gevreği kasesini streç filmle (plastik sargı) kaplayın ve yumurtaları içine kırın. Çözülmesi için 1½ dakika kapağı açık olarak pişirin. Kalan tüm malzemelerle birlikte salata kasesine ekleyin ve iyice birleşene kadar tekrar karıştırın. Tabaklara yerleştirin ve hemen servis yapın.

Yumurta ve tereyağı ile Hollandalı hindiba

4 servis

8 kafa hindiba (Belçika hindiba)
30ml/2 yemek kaşığı limon suyu
75ml/5 yemek kaşığı kaynar su
5ml/1 çay kaşığı tuz
75 gr / 3 ons / 1/3 fincan tereyağı, mutfak sıcaklığında ve oldukça yumuşak
4 haşlanmış (sert haşlanmış) yumurta, doğranmış

Hindibayı temizleyin ve acı bir tat vermemesi için tabanından koni şeklinde bir parça kesin. Hindibayı 20 cm çapında bir kaseye tek sıra olacak şekilde dizin ve üzerine limon suyu ve suyu ekleyin. Tuz serpin. Streç filmle (plastik sargı) örtün ve buharın çıkması için iki kez yarık. 15 dakika tam gaz pişirin. 3 dakika bekletin, sonra süzün. Hindiba pişerken tereyağını hafif ve kremsi olana kadar çırpın. Yumurtaları karıştırın. Hindibayı önceden ısıtılmış dört tabağa yerleştirin ve yumurta karışımını serpin. Yakında yemek.

yumurta mayonezi

1 kişilik

Fransa'nın standart mezelerinden biri olan yumurtalı mayonez, güvenilir bir şekilde iştah açıcıdır ve damak zevklerine göre çeşitlendirilebilir.

Kıyılmış marul yaprakları
1–2 haşlanmış (sert kaynamış) yumurta, ikiye bölünmüş
Mayonez sosu veya mağazadan satın alınan mayonez kullanın
4 adet yağda konserve hamsi filetosu
1 domates, dilimler halinde kesilmiş

Salatayı bir tabağa dizin. Yumurtaları üstüne koyun, kenarları aşağı doğru kesin. Mayonezle oldukça kalın bir fırça sürün, ardından isterseniz hamsi ve domates dilimleri ile süsleyin.

Skordalia mayonezli yumurta

4 servis

Yumurtaların tam lezzetini ve dokusunu tamamlayan karmaşık bir sarımsak, galeta unu ve mayonez sosunun basitleştirilmiş bir versiyonu.

150 ml/¼ puan/2/3 su bardağı mayonez sosu
1 diş sarımsak, ezilmiş
10ml/2 çay kaşığı taze beyaz galeta unu
15 ml/1 yemek kaşığı öğütülmüş badem
10ml/2 çay kaşığı limon suyu
10ml/2 çay kaşığı kıyılmış maydanoz
Kıyılmış marul yaprakları
2 veya 4 haşlanmış (sert kaynamış) yumurta, ikiye bölünmüş
1 kırmızı soğan, çok ince dilimlenmiş
Garnitür için küçük Yunan siyah zeytinleri

Mayonez, sarımsak, galeta unu, badem, limon suyu ve maydanozu karıştırın. Salatayı bir tabağa alın ve üzerine yumurta yarımlarını ekleyin. Mayonez karışımı ile fırçalayın, ardından dilimlenmiş soğan ve zeytin ile süsleyin.

İskoç çulluk

4 servis

Bu, City Centilmenler Kulüplerinin eski ligine aittir ve sıcak servis edildiğinde hala en iyi kanepelerden biridir.

4 dilim ekmek
tereyağı
Gentleman's Relish veya hamsi ezmesi
2 paket ekstra kremalı çırpılmış yumurta
Garnitür için yağda birkaç salamura hamsi filetosu

Ekmeği kızartın, ardından tereyağı ile fırçalayın. Gentleman's Relish veya hamsi ezmesi ile ince bir şekilde yayın, her dilimi dörde bölün ve sıcak tutun. Ekstra kremalı omlet yapın ve tost çeyrek üzerine kaşıkla. Hamsi filetosu ile süsleyin.

İsveç mayonezli yumurta

4 servis

Kıyılmış marul yaprakları

1–2 haşlanmış (sert kaynamış) yumurta, ikiye bölünmüş

25 ml/1½ yemek kaşığı elma püresi (elma püresi)

Pudra (çok ince) şeker

150ml/¼ pt/2/3 fincan mayonez sosu veya mağazadan satın alınan mayonez kullanın

5 ml/1 çay kaşığı yaban turpu sosu

5-10ml/1-2 çay kaşığı siyah veya turuncu sahte havyar

1 adet kırmızı kabuklu elma, ince dilimlenmiş

Salatayı bir tabağa dizin. Yumurtaları üstüne koyun, kenarları aşağı doğru kesin. Elma püresini pudra şekeri ile hafifçe tatlandırın, ardından yaban turpu sosuyla birlikte mayonez ile karıştırın. Yumurtaları bu karışımla fırçalayın, ardından yapay havyar ve bir şerit elma dilimleri ile süsleyin.

Fasulye Salatası

6 servis

Buna Türkiye'de fesulya plakı denir ve esasen konserve (lacivert) fasulye ve bir porsiyon Akdeniz sebzesinin karışımıdır. Bu tutumlu bir meze ve yanında huysuz ekmek için yalvarıyor.

75 ml/5 yemek kaşığı zeytinyağı

2 soğan, ince rendelenmiş

2 diş sarımsak, ezilmiş

1 büyük olgun domates, beyazlatılmış, soyulmuş, çekirdekleri çıkarılmış ve doğranmış

1 yeşil (biber), tohumlanmış ve çok ince kıyılmış

10 ml/2 çay kaşığı pudra şekeri (çok ince) şeker

75ml/5 yemek kaşığı su

2,5-5ml/½-1 çay kaşığı tuz

30 ml/2 yemek kaşığı kıyılmış dereotu (dereotu otu)

400g / 14 ons / 1 büyük konserve barbunya fasulyesi, süzülmüş

Yağı, soğanı ve sarımsağı 1,75 litrelik bir kaba alın ve kapağı açık olarak yüksek ateşte iki kez karıştırarak 5 dakika pişirin. Domates, yeşil biber, şeker, su ve tuzu karıştırın. Üçte ikisini bir tabakla örtün ve iki kez karıştırarak 7 dakika yüksekte pişirin. Tamamen soğumaya bırakın, ardından örtün ve birkaç saat buzdolabında saklayın. Dereotu ve fasulyeyi karıştırın. Tekrar örtün ve bir saat daha soğutun.

yumurtalı fasulye salatası

6 servis

Fasulye salatası gibi hazırlayın, ancak her porsiyonu haşlanmış (sert haşlanmış) yumurta dilimleri ile süsleyin.

Saksı damperli

6 servis

275 gr çiroz filetosu
75 gr / 3 ons / 1/3 su bardağı krem peynir
½ limon suyu
2,5 ml/½ çay kaşığı İngiliz veya kıta hardalı
1 diş sarımsak, ince dilimlenmiş (isteğe bağlı)
Servis için sıcak tost veya tuzlu bisküviler (krakerler)

Çipleri mikrodalgada ısıtın. Deriyi ve kemikleri çıkarın ve posayı parçalayın. Kalan malzemelerle birlikte mutfak robotuna koyun ve karışım bir macun kıvamına gelene kadar işleyin. Küçük bir kaseye koyun ve üstünü düzeltin. Örtün ve sertleşene kadar soğutun. Sıcak tost veya tuzlu bisküvilerin üzerine yayılarak servis yapın.

bir tencerede karides

4 servis

Canlanma için başka bir tam anlamıyla İngiliz tarifi. Taze yapılmış ince beyaz tost ile servis yapın.

175 gr tuzsuz (tatlı) tereyağı
225 gr / 8 ons / 2 su bardağı küçük karides
bir tutam yenibahar
Beyaz biber
tost, hizmet etmek

Tereyağını bir kaseye koyun ve bir tabakla örtün. Eriyene kadar yaklaşık 2-3 dakika yüksek sıcaklıkta mikrodalgaya koyun. Tereyağının üçte ikisini karidesle karıştırın, ardından yenibahar ve karabiberle tatlandırın. Dört ayrı tencereye veya muhallebi kaplarına kaşıkla koyun. Kalan tereyağı ile eşit şekilde yayın. Tereyağı sertleşene kadar soğutun. Bir tabağa alın ve kızarmış ekmekle birlikte yiyin.

Doldurulmuş yumurta ile pişmiş avokado

4 servis

Genellikle hafif bir yemek veya doyurucu bir meze için seçilen, 1970'lerden ihmal edilmiş bir tarif.

2 sap kereviz, ince kıyılmış
60ml/4 yemek kaşığı taze beyaz galeta unu
2,5 ml/½ çay kaşığı ince rendelenmiş limon kabuğu rendesi
5 ml/1 çay kaşığı soğan tuzu
2,5 ml/½ çay kaşığı kırmızı biber
45 ml/3 yemek kaşığı sade (hafif) krema
Taze çekilmiş karabiber
2 orta boy sadece olgun avokado
2 büyük haşlanmış (sert kaynamış) yumurta, doğranmış
20ml/4 çay kaşığı kızarmış galeta unu
20ml/4 çay kaşığı eritilmiş tereyağı

Kereviz, galeta unu, limon kabuğu rendesi, soğan tuzu, kırmızı biber ve kremayı karıştırın ve karabiberle tatlandırın. Avokadoları ikiye bölün ve çukurları (tohumları) çıkarın. Doldurma için yer açmak için etin bir kısmını çıkarın ve kaba bir şekilde ezin. Hamuru yumurta ile kırıntı karışımına ekleyin. İyice karıştırın ve avokado kabuklarına dökün. Sivri uçları ortaya gelecek şekilde bir tabağa dizin. Kızarmış ekmek kırıntılarını serpin, ardından tereyağını üzerine gezdirin.

Mutfak kağıdı ile örtün ve 4-5 dakika yüksek ısıda ısıtın. Yakında yemek.

Domates ve peynir ile doldurulmuş avokado

2 kişilik ana yemek, 4 kişilik başlangıç yemeği olarak.

Vejeteryanlar ve bu çizgide düşünen herkes için mükemmel, nefis bir karışım.

2 büyük olgun avokado
½ limon suyu
50 gr / 2 ons / 1 su bardağı yumuşak kahverengi galeta unu
1 küçük soğan, ince rendelenmiş
2 domates, beyazlatılmış, derili ve doğranmış
Tuz ve taze çekilmiş karabiber
50 gr sert peynir, rendelenmiş
kırmızı biber
8 kavrulmuş fındık

Avokadoları ikiye bölün ve eti dikkatli bir şekilde doğrudan bir kaseye koyun. Limon suyu ekleyin ve bir çatalla iyice ezin. Galeta unu, soğan ve domatesleri tuz ve karabiberle tatlandırın. Avokado kabuklarına yerleştirin ve üzerine peynir ve kırmızı biber serpin. Her yarısını iki fındıkla süsleyin. Geniş bir tabağa, sivri uçları ortaya gelecek şekilde dizin. Kağıt havlularla gevşek bir şekilde örtün ve 5–5½ dakika yüksekte pişirin. Hemen servis yapın.

İskandinav rulo paspas ve elma salatası

4 servis

75 gr / 3 ons kurutulmuş elma halkaları
150 ml/¼ puan/2/3 su bardağı su
3 adet soğanlı rulo mop
150 ml/¼ pt/2/3 fincan krem şanti veya duble (ağır) krema
Gevrek ekmek, servis için

Elma halkalarını yıkayın, parçalara ayırın, orta boy bir kaseye koyun ve suyu ekleyin. Bir tabakla örtün ve 5 dakika yüksek ateşte ısıtın. 5 dakika bekletin, sonra iyice süzün. Rulo paspasları gevşetin ve çapraz şeritler halinde kesin. Elmayı soğanla birlikte ekleyin ve kremayla karıştırın. Örtün ve bir gece buzdolabında marine edin. Servis yapmadan önce karıştırın, ardından ayrı tabaklara yerleştirin ve gevrek ekmekle servis yapın.

Köri soslu rulo mop ve elma salatası

4 servis

İskandinav rulo paspas ve elma salatası gibi hazırlayın, ancak kremayı yarı mayonez ve yarı krema fraîche ile değiştirin. Köri ezmesi ile tatlandırın.

Keçi peyniri ve sıcak soslu yaprak salatası

4 servis

12 küçük yuvarlak marul yaprağı
1 kitaplık
20 Roket Bıçağı
4 ayrı keçi peyniri
90 ml/6 yemek kaşığı üzüm çekirdeği yağı
30 ml/2 yemek kaşığı fındık yağı
10 ml/2 çay kaşığı portakal çiçeği suyu
10 ml/2 çay kaşığı Dijon hardalı
45 ml/3 yemek kaşığı pirinç veya elma sirkesi
10 ml/2 çay kaşığı pudra şekeri (çok ince) şeker
5ml/1 çay kaşığı tuz

Marul yapraklarını yıkayın ve kurutun. Tereyi temizleyin, yıkayın ve kurutun. Rokayı yıkayıp süzün. Bu üçünü çekici bir şekilde dört ayrı tabağa yerleştirin ve her birinin ortasına birer peynir yerleştirin. Kalan tüm malzemeleri bir kaseye koyun ve buzunu çözmek için üstü açık olarak 3 dakika ısıtın. Karıştırmak için karıştırın, ardından her salatanın üzerine dökün.

Jöle Domatesli Dondurma

4 servis

4 domates, beyazlatılmış, derili ve doğranmış
5 ml/1 çay kaşığı ince kıyılmış taze zencefil kökü
5 ml/1 çay kaşığı ince rendelenmiş limon kabuğu rendesi
20ml/4 çay kaşığı öğütülmüş jelatin
750 ml/1¼ puan/3 su bardağı tavuk suyu
30 ml/2 yemek kaşığı domates püresi (salça)
5 ml/1 çay kaşığı Worcestershire sosu
5 ml/1 çay kaşığı pudra şekeri (çok ince) şeker
5 ml/1 çay kaşığı kereviz tuzu
20 ml/4 çay kaşığı taze krema
Üzerine serpmek için kavrulmuş susam
Servis için peynirli bisküviler (krakerler)

Domatesleri dört büyük şarap kadehine eşit olarak bölün, ardından üzerine zencefil ve misket limonu rendesi serpin. Jelatini 75ml/5 yemek kaşığı et suyu ile 1,5 litrelik bir kaseye koyun ve 5 dakika yumuşamaya bırakın. Yaklaşık 2 dakika boyunca çözülme üzerinde açıkta eritin. Kalan suyu domates püresi, Worcestershire sosu, şeker ve kereviz tuzu ile karıştırın. Eşit bir şekilde birleşene kadar hafifçe çırpın, ardından hafifçe kalınlaşmaya başlayana kadar soğutun. Domateslerin üzerine dökün ve soğumaya bırakın. Üzerine 5 ml/1 tatlı kaşığı taze krema serpip susam serpin ve peynirli bisküvilerle servis edin.

dolgulu domates

4 servis

Tereyağlı tost veya sarımsaklı tereyağında kızartılmış (sotelenmiş) ekmek üzerinde lezzetli bir şekilde servis edilen sağlam ama karmaşık olmayan bir meze.

6 domates

1 soğan, rendelenmiş

50 gr / 2 ons / 1 su bardağı taze beyaz galeta unu

5 ml/1 çay kaşığı mamul hardal

5ml/1 çay kaşığı tuz

15 ml/1 yemek kaşığı kıyılmış frenk soğanı veya maydanoz

50 gr / 2 ons / ½ fincan doğranmış soğuk pişmiş et veya kümes hayvanları, doğranmış karides (karides) veya rendelenmiş peynir

1 küçük yumurta, dövülmüş

Domatesleri ikiye bölün ve sert tohumları çıkararak ortasını bir kaseye yerleştirin. Midyeleri süzmek için mutfak kağıdına ters çevirin. Kalan tüm malzemeleri bir kaseye koyun ve domates salçasını ekleyin. Bir çatalla iyice karıştırın, ardından domates yarımlarına geri dökün. Bir tabağın kenarına iç içe iki halka halinde dizin. Kağıt havlularla örtün ve plakayı 3 kez çevirerek 7 dakika yüksekte pişirin. Servis başına üç yarım bırakarak sıcak servis yapın.

İtalyan Doldurulmuş Domates

4 servis

6 domates

75 gr / 3 ons / 1½ fincan taze kahverengi galeta unu

175 gr / 6 ons / 1½ fincan mozzarella peyniri, rendelenmiş
2,5 ml/½ çay kaşığı kurutulmuş kekik
2,5 ml/½ çay kaşığı tuz
10ml/2 çay kaşığı kıyılmış fesleğen yaprağı
1 diş sarımsak, ezilmiş
1 küçük yumurta, dövülmüş

Domatesleri ikiye bölün ve sert tohumları çıkararak ortasını bir kaseye yerleştirin. Midyeleri süzmek için mutfak kağıdına ters çevirin. Kalan tüm malzemeleri bir kaseye koyun ve domates salçasını ekleyin. Bir çatalla iyice karıştırın, ardından domates yarımlarına geri dökün. Bir tabağın kenarına iç içe iki halka halinde dizin. Mutfak kağıdı ile örtün ve yüksekte 7-8 dakika, plakayı 3 kez çevirerek pişirin. Servis başına üç yarım planlayarak sıcak veya soğuk servis yapın.

Domates ve Tavuk Salata Kapları

4 servis

450 ml/¾ puan/2 su bardağı tavuk suyu
15 ml/1 yemek kaşığı öğütülmüş jelatin
30 ml/2 yemek kaşığı domates püresi (salça)
1 küçük soğan, ince rendelenmiş
5 ml/1 çay kaşığı pudra şekeri (çok ince) şeker
1 küçük yeşil (paprika) biber, küçük küpler halinde kesilmiş
175 gr / 6 ons / 1½ fincan soğuk pişmiş et, ince kıyılmış
1 havuç, rendelenmiş
2 konserve ananas halkası (taze değil veya jöle sertleşmez)
2 haşlanmış (sert haşlanmış) yumurta, rendelenmiş

Et suyunun yarısını 1,5 litrelik bir kaseye dökün. Jelatin ekleyin ve 5 dakika bekletin. 2–2½ dakika boyunca çözülme üzerinde açıkta eritin. Kalan suyu ekleyin ve karıştırmak için iyice karıştırın. Soğuyana ve koyulaşmaya başlayana kadar örtün ve soğutun, ardından yumurta hariç kalan tüm malzemeleri ekleyin. Dört cam kaseye dökün ve sertleşene kadar soğutun. Servis yapmadan önce yumurtayı serpin.

Doğranmış Yumurta ve Soğan

Başlangıç olarak 4 kişi, başlangıç olarak 6 kişi için

En iyi şekilde geleneksel matzoh gibi çıtır çıtır bisküvilerle yenilen muhteşem bir yıl boyu süren Yahudi klasiği. En büyük avantajı, yumurtaların mikrodalgada ısıtılmasıdır - coşkulu pişirme ve yıkanacak kap yok. Burada tereyağı veya herhangi bir margarin önerilir, ancak Ortodoks cemaati yalnızca bitki bazlı margarin kullanırdı.

5 haşlanmış (sert kaynamış) yumurta, soyulmuş ve ince doğranmış
40g/1½ ons/3 yemek kaşığı tereyağ veya margarin, ıslatılmış
1 soğan, ince rendelenmiş
Tuz ve taze çekilmiş karabiber
Süslemek için marul yaprakları veya maydanoz

Doğranmış yumurtaları tereyağı veya margarinle birleştirin. Soğanı ilave edin ve tatmak için baharatlayın. Dört tabağa koyun ve her birini marul yaprakları veya maydanozla süsleyin.

Kiş Lorraine

4-6 porsiyon için

Bir varyasyon "ailesi" ile orijinal Fransız kiş veya tuzlu börek.

Hamur için (macun):
175 gr / 6 ons / 1½ fincan sade (çok amaçlı) un
1,5 ml/¼ çay kaşığı tuz
100g / 3½ oz / ½ fincanın hemen altında margarin, beyaz katı yağ veya domuz yağı ile karıştırılmış tereyağı veya sade margarin kullanın
1 küçük yumurta sarısı

Dolgu için:
6 dilim (dilim) çizgili domuz pastırması
3 yumurta
300 ml/½ pt/1¼ bardak tam yağlı süt veya (light) krema
2,5 ml/½ çay kaşığı tuz
Taze çekilmiş karabiber
rendelenmiş hindistan cevizi

Hamuru için unu ve tuzu bir kaba eleyin. Karışım ince galeta unu gibi görünene kadar yağla ovun, ardından sert bir hamur oluşturmak için soğuk suyla yoğurun. Folyoya sarın ve ½-¾ saat buzdolabında saklayın. Unlu bir yüzeye çıkarın ve pürüzsüz olana kadar hızlı ve hafifçe yoğurun. İnce bir daire şeklinde açın ve 20 cm çapında bir cam, porselen veya toprak tart kalıbına dizin. Üst kenarı küçük oluklar halinde bastırın, ardından her tarafını bir çatalla delin. Kâseyi iki kez çevirerek 6 dakika boyunca kapağı açık olarak pişirin. Hamur yer yer kabarmışsa fırın eldiveni ile korunan elinizle hafifçe bastırın. Her şeyi yumurta sarısı ile fırçalayın ve delikleri kapatmak için 1 dakika yüksekte pişirin. Dolguyu hazırlarken bırakın.

Pastırma dilimlerini mutfak kağıdı serili bir tabağa dizin, üzerini başka bir mutfak kağıdıyla örtün ve bir kez çevirerek 5 dakika yüksek ateşte pişirin. Süzün ve hafifçe soğumaya bırakın. Her dilimi üç parçaya kesin ve pasta kabının dibine yerleştirin. Yumurtaları süt veya krema ile çırpın ve tuz ve karabiber ekleyin. Pastırmanın üzerindeki turtaya dikkatlice süzün ve hindistan cevizi serpin. Çanağı 4 kez çevirerek, 10-12 dakika veya ortasında baloncuklar patlamaya başlayana kadar, ağzı açık olarak Tam modda pişirin. Dilimlemeden önce 10 dakika bekletin. Ilık veya soğuk yiyin.

Peynir ve domates kiş

4-6 porsiyon için

Quiche Lorraine'deki gibi hazırlayın, ancak pastırmayı üç soyulmuş ve dilimlenmiş domatesle değiştirin.

Somon Füme Kiş

4-6 porsiyon için

Quiche Lorraine için olduğu gibi hazırlayın, ancak pastırmayı şeritler halinde kesilmiş 175 gr füme somon ile değiştirin.

Karides Kiş

4-6 porsiyon için

Quiche Lorraine'de olduğu gibi hazırlayın, ancak pastırmayı 175g/6 ons/1½ fincan kıyılmış karides (karides) ile değiştirin.

Ispanaklı Kiş

4-6 porsiyon için

Quiche Lorraine gibi hazırlayın, ancak pastırma yerine tüm suyu sıkarak turtanın altını 175 gr pişmiş ıspanakla kaplayın. (Ispanak mümkün olduğunca kuru olmalıdır, aksi takdirde hamur (macun) lapa gibi olur.)

Akdeniz kiş

4-6 porsiyon için

Quiche Lorraine gibi hazırlayın, ancak turtanın altını 185 gr/6½ ons/1 küçük kutu ton balığı pulları ve yağı, 12 adet çekirdekleri çıkarılmış (çekirdekleri çıkarılmış) siyah zeytin ve 20 ml/4 çay kaşığı domates püresi (macun) domuz pastırması ile kaplayın.

kuşkonmaz kiş

4-6 porsiyon için

Quiche Lorraine için olduğu gibi hazırlayın, ancak pastırmayı 350g/1 büyük kutu kuşkonmaz mızrakla değiştirin. İyice süzün, altı sapı ayırın ve gerisini doğrayın. Kek tabanını kaplamak için kullanın. Ayrılmış mızraklarla süsleyin.

ceviz dolması

4-6 porsiyon için

225 gr / 8 ons / 2 su bardağı yarım ceviz
50 gram tereyağı
10ml/2 çay kaşığı mısır yağı
5 ml/1 çay kaşığı hardal tozu
5 ml/1 çay kaşığı kırmızı biber
5 ml/1 çay kaşığı kereviz tuzu
5 ml/1 çay kaşığı soğan tuzu
2,5 ml/½ çay kaşığı pul biber
Tuz

Yarım cevizleri kızartın. Sığ bir kapta, üstü açık, tereyağı ve sıvı yağı 1½ dakika yüksekte ısıtın. Fındıkları ekleyin ve iyice birleşene kadar tereyağı ve sıvı yağ ile hafifçe karıştırın. Üstü açık bırakın ve sık sık çevirerek ve aşırı kızarma için yakından izleyerek 3-4 dakika yüksek ateşte pişirin. Mutfak kağıdına boşaltın. Plastik bir torbaya hardal tozu, kırmızı biber tozu, kereviz tuzu, soğan tuzu, kırmızı biber tozu ve tadına bakmak için tuz koyun. Hava geçirmez bir kapta saklayın.

Körili Brezilya fıstığı

4-6 porsiyon için

225 gr / 8 ons / 2 su bardağı Brezilya fıstığı, kalın dilimlenmiş
50 gram tereyağı
10ml/2 çay kaşığı mısır yağı
20ml/4 çay kaşığı hafif, orta veya sıcak köri tozu
Tuz

Brezilya fıstığını kavurun. Sığ bir kapta, üstü açık, tereyağı ve sıvı yağı 1½ dakika yüksekte ısıtın. Fındıkları ekleyin ve iyice birleşene kadar tereyağı ve sıvı yağ ile hafifçe karıştırın. Üstü açık bırakın ve sık sık çevirerek ve aşırı kızarma için yakından izleyerek 3-4 dakika yüksek ateşte pişirin. Mutfak kağıdına boşaltın. Köri tozu ve tuzla plastik bir torba içinde baharatlayın. Hava geçirmez bir kapta saklayın.

Mavi peynir ve cevizli turta

4-6 porsiyon için

Kiş ailesine rafine bir katkı.

Hamur için (macun):

175 gr / 6 ons / 1½ fincan sade (çok amaçlı) un

1,5 ml/¼ çay kaşığı tuz

100g / 3½ oz / ½ fincanın hemen altında margarin, beyaz katı yağ veya domuz yağı ile karıştırılmış tereyağı veya sade margarin kullanın

45ml/3 yemek kaşığı ince kıyılmış ceviz

1 küçük yumurta sarısı

Dolgu için:

200 gr / 7 oz / 1 su bardağından biraz az tam yağlı krem peynir

30–45 ml/2–3 yemek kaşığı kıyılmış frenk soğanı veya taze soğan (kabuklu soğan)

125 gr / 4 ons / cömert 1 su bardağı mavi peynir, ufalanmış

5 ml/1 çay kaşığı kırmızı biber

3 yumurta

60 ml/4 yemek kaşığı tam yağlı süt veya krema (light).

Tuz ve taze çekilmiş karabiber

Hamuru için unu ve tuzu bir kaba eleyin. Karışım ince galeta unu gibi görünene kadar yağda ovun, ardından kıyılmış fındıkları ekleyin. Soğuk su ile sert bir hamur haline getirin. Folyoya sarın ve ½-¾ saat buzdolabında saklayın. Unlu bir yüzeye çıkarın ve pürüzsüz olana kadar hızlı ve hafifçe yoğurun. İnce bir daire şeklinde açın ve 20 cm çapında bir cam, porselen veya toprak tart kalıbına dizin. Üst kenarı küçük oluklar halinde bastırın ve ardından bir çatalla her tarafını delin. Kâseyi iki kez çevirerek 6 dakika boyunca kapağı açık olarak pişirin. Hamur yer yer kabarmışsa fırın eldiveni ile korunan elinizle hafifçe bastırın. Her şeyi yumurta sarısı ile fırçalayın ve delikleri kapatmak için 1 dakika yüksekte pişirin.

Doldurma malzemelerini bir mutfak robotuna koyun, tuz ve karabiber ekleyin ve pürüzsüz olana kadar işleyin. Tart kalıplarına (kek tabanı) eşit olarak dağıtın. Defrostta 14 dakika 3 kez çevirerek pişirin. 5 dakika bekletin. Ilık veya soğuk yiyin.

Zengin ciğer ezmesi

8-10 kişi için

Partilerde veya özel akşam yemeklerinde sıcak tost ile servis edilir.

250g / 9 ons / cömert 1 su bardağı tereyağı
1 diş sarımsak, ezilmiş
450 gr tavuk ciğeri
1,5 ml/¼ çay kaşığı öğütülmüş hindistan cevizi
Tuz ve taze çekilmiş karabiber

1,75 litre / 3 pt / 7½ fincan kaseye 175g / 6 oz / ¾ fincan tereyağı koyun ve üstü açık olarak 2 dakika yüksekte eritin. Sarımsağı karıştırın. Her bir tavuk ciğeri parçasını bıçak ucuyla delin ve kaseye ekleyin. Tereyağı ile iyice karıştırın. Bir tabakla örtün ve iki kez karıştırarak 8 dakika yüksekte pişirin. Hindistan cevizinde karıştırın, ardından iyice baharatlayın. iki partide

Sıcak ve ekşi yengeç çorbası

6 servis

Çin'den zengin bir katkı, kolaylaştırılmış bir zevk.

1 litre/1¾ puan/4¼ su bardağı tavuk suyu
225 gr/7 ons/1 küçük kutu su kestanesi, kabaca doğranmış
225 gr/7 ons/1 küçük kutu doğranmış bambu filizi suda
75 gr mantar, ince dilimlenmiş
150 gr tofu, küçük küpler halinde kesilmiş
175g/6 oz/1 küçük kutu yengeç eti salamurada, süzülmemiş ve et pulları
15 ml/1 yemek kaşığı mısır nişastası
15ml/1 yemek kaşığı su
30 ml/2 yemek kaşığı malt sirkesi
15 ml/1 yemek kaşığı soya sosu
5 ml/1 çay kaşığı susam yağı
2,5 ml/½ çay kaşığı tuz
1 büyük yumurta, dövülmüş

Et suyunu 2 litrelik / 3½ pt / 8½ fincanlık bir kaseye dökün. Konserve kestane ve bambu filizlerinin içeriğini ekleyin. Mantarları ve tofuyu ve yengeç eti kutusunun içindekileri ekleyin. karıştırmak. Kaseyi streç filmle (plastik sargı) örtün ve buharın çıkmasını sağlamak için kaseyi iki kez yarık. 15 dakika tam gaz pişirin. Buhar yanıklarını önlemek için dikkatlice örtün ve karıştırmak için iyice karıştırın. Mısır ununu su ve sirke ile pürüzsüz olana kadar karıştırın, ardından kalan malzemeleri ekleyin. Çorbaya yavaşça karıştırın. Daha önce olduğu gibi üzerini kapatın ve tam gazda 4 dakika pişirin. Karıştırın ve büyük bir tabak veya tencere kapağı ile örtün. 2 dakika bekletin. Porselen kaselerde sıcak servis yapın.

Basit oryantal çorba

3-4 porsiyon için

400ml / 16 fl oz / 1 büyük kutu Mulligatawny Çorbası
400 ml / 16 fl oz / 1 büyük kutu hindistan cevizi sütü
Tuz
biber tozu
Kıyılmış kişniş (kişniş)
Hizmet edilecek popadomlar

Çorbayı ve hindistancevizi sütünü 1,75 litrelik bir kaseye dökün. Tatmak için tuz ekleyin. İki kez karıştırarak 7-8 dakika yüksekte ısıtın. Sıcak kaselere dökün, üzerine pul biber ve kişniş serpin ve papadamlarla servis yapın.

ciğer çorbası

4 servis

50 gr / 2 ons / 1 su bardağı taze beyaz galeta unu
50 gr / 2 ons / ½ fincan tavuk ciğeri, doğranmış (öğütülmüş)
15ml/1 yemek kaşığı çok ince kıyılmış maydanoz, ayrıca süslemek için biraz daha
5 ml/1 çay kaşığı rendelenmiş soğan
1,5 ml/¼ çay kaşığı mercanköşk
1,5 ml/¼ çay kaşığı tuz
Taze çekilmiş karabiber
½ yumurta, çırpılmış
750 ml/1¼ puan/3 bardak temiz sığır eti veya tavuk suyu veya seyreltilmiş konserve konsantre konsomme

Et suyu veya et suyu hariç tüm malzemeleri bir karıştırma kabına koyun. İyice karıştırın ve 12 küçük köfte şekli verin. Et suyunu veya konsommeyi 1,5 litrelik, 6 fincanlık derin bir kaseye dökün ve üzerini bir tabakla kapatın. Kaynayana kadar tam gazda ısıtın, yaklaşık 8-10 dakika bekleyin. Köfte ekleyin. Köfteler kabarana ve çorbanın üzerinde yüzene kadar 3-4 dakika ağzı açık olarak pişirin. Sıcak kaselere koyun, ekstra maydanoz serpin ve hemen servis yapın.

havuç kremalı çorba

6 servis

30 ml/2 yemek kaşığı mısır nişastası (mısır nişastası)
550g/1¼lb/1 büyük kutu havuç
450 ml/¾ puan/2 su bardağı soğuk süt
7,5-10ml/1½-2 çay kaşığı tuz
300 ml/½ puan/1¼ su bardağı sıcak su
60 ml/4 yemek kaşığı sade (hafif) krema

3 litrelik bir kaseye 5¼ puan/12 bardak mısır nişastası ekleyin. Havuç kutusundaki sıvıyı pürüzsüz olana kadar karıştırın. Havuçları bir blender veya mutfak robotunda püre haline getirin. Süt ve tuz ile kaseye ekleyin. Pürüzsüz bir kıvam elde etmek için 4 veya 5 kez hafifçe çırparak koyulaşana kadar 12 dakika yüksekte pişirin. Sıcak su ile seyreltin. Önceden ısıtılmış kaselere dökün ve her porsiyona 10ml/2 çay kaşığı krema atın.

Soğutulmuş Havuç Pırasa Çorbası

6 servis

1 büyük pırasa, ikiye bölünmüş ve iyice yıkanmış
4 büyük havuç, ince dilimlenmiş
3 küçük ila orta boy patates, küçük küpler halinde kesin
150 ml/¼ puan/2/3 su bardağı sıcak su
600ml/1pt/2½ su bardağı sebze suyu
300 ml/½ puan/1¼ fincan tek (hafif) krema
Tuz ve taze çekilmiş karabiber
kıyılmış su teresi

Pırasayı kabaca doğrayın. Tüm sebzeleri sıcak su ile 2 litrelik bir kaseye koyun. Streç filmle (plastik sargı) örtün ve buharın çıkması için iki kez yarık. Sebzeler yumuşayana kadar 15 dakika yüksek ateşte pişirin. Kasedeki sıvıyla birlikte bir blender veya mutfak robotuna koyun ve gerekirse biraz et suyu ekleyerek pürüzsüz olana kadar işleyin. Büyük bir kaseye kazıyın ve kalan et suyunu karıştırın. Örtün ve soğutun. Servis yapmadan önce, kremayı dikkatlice karıştırın ve tatmak için baharatlayın. Çorba kaselerine dökün ve üzerine tere serpin.

Havuç ve Kişniş Çorbası

6 servis

Kremalı havuç çorbası gibi hazırlayın, ancak bir avuç taze kişniş (kişniş) yaprağını havuçlarla birlikte blendere veya mutfak robotuna ekleyin. İsteğe göre krema eklenebilir.

Portakal Çorbası ile Havuç

6 servis

Havuç kremalı çorba gibi hazırlayın, ancak çorbaya pişirme süresinin yarısında 10 ml/2 çay kaşığı rendelenmiş portakal kabuğu ekleyin. Her porsiyonu biraz Grand Marnier eklenmiş krem şanti ile süsleyin.

Kremalı Salata Çorbası

6 servis

75 gr / 3 ons / 1/3 fincan tereyağı veya margarin

2 soğan, rendelenmiş

225 gr yuvarlak yumuşak marul, şeritler halinde kesilmiş

600ml/1pt/2½ bardak tam yağlı süt

30 ml/2 yemek kaşığı mısır nişastası (mısır nişastası)

300ml/½ Pt/1¼ bardak sıcak su veya sebze suyu

2,5 ml/½ çay kaşığı tuz

1,75 litre / 3 pt / 7½ fincan kapta 50g / 2 oz / ¼ fincan tereyağı veya margarini eritin ve 2 dakika erimeye bırakın. Soğan ve marulu karıştırın. Bir tabakla örtün ve 3½ dakika yüksekte pişirin. Sütün üçte biri ile birlikte bir karıştırıcıya koyun. Pürüzsüz bir püre haline getirin. Kaseye dön. Mısır ununu kalan sütün 60 ml / 4 yemek kaşığı ile pürüzsüz olana kadar karıştırın. Kalan süt, sıcak su veya et suyu ve tuz ile çorbaya ekleyin. Pürüzsüz bir kıvam elde etmek için sık sık çevirerek 15 dakika boyunca ağzı açık olarak tam gazda pişirin. Her biri 5 ml/1 çay kaşığı tereyağı ile önceden ısıtılmış kaselerde servis yapın.

Yeşil püre çorbası

4-6 porsiyon için

1 büyük yuvarlak salata
125 gr su teresi veya genç ıspanak
1 pırasa, sadece beyaz kısmı, dilimlenmiş
300 ml/½ puan/1¼ su bardağı sıcak su
60 ml/4 yemek kaşığı mısır nişastası (mısır nişastası)
300 ml/½ puan/1¼ bardak soğuk süt
25g/1 ons/2 yemek kaşığı tereyağı veya margarin
Tuz
Servis için kruton

Marulu ve su teresini veya ıspanağı iyice yıkayıp doğrayın. Pırasa ve su ile 1,5 litrelik bir kaseye koyun. Streç filmle (plastik sargı) örtün ve buharın çıkması için iki kez yarık. Kaseyi iki kez çevirerek 10 dakika yüksek pişirin. 10 dakika soğumaya bırakın. Bir karıştırıcıya yerleştirin ve pürüzsüz bir püre haline getirin. Kaseye dön. Mısır unu pürüzsüz olana kadar sütle karıştırın. Tereyağı veya margarin ile kaseye koyun ve tuz ekleyin. Üç kez karıştırarak 8-10 dakika veya çok sıcak ve hafif koyulaşana kadar kapağı açık şekilde pişirin. Önceden ısıtılmış çorba kaselerine koyun ve her birine kruton ekleyin.

Wasabi ile yaban havucu ve maydanoz çorbası

6 servis

İnce bir wasabi yaban turpu dokunuşuyla, yaban havucundan sadece bir miktar tatlılık içeren, merak uyandıran aromalı, son derece orijinal bir çorbadır.

30 ml/2 yemek kaşığı mısır veya ayçiçek yağı
450 gr yaban havucu, soyulmuş ve dilimlenmiş
900ml/1½ pt/3¾ bardak lezzetli sıcak sebze veya tavuk suyu
10ml/2 çay kaşığı Japon Wasabi Tozu
30ml/2 yemek kaşığı kıyılmış maydanoz
150 ml/¼ puan/2/3 su bardağı sade (hafif) krema

Yağı 2 litrelik / 3½ pt / 8½ fincan kaseye dökün. Yaban havucu ekleyin. Streç filmle (plastik sargı) örtün ve buharın çıkması için iki kez yarık. Kaseyi iki kez çevirerek 7 dakika yüksekte pişirin. Et suyu ve wasabi tozu ekleyin. Bir tabakla örtün ve 6 dakika yüksekte pişirin. Hafifçe soğumaya bırakın, ardından bir karıştırıcıda ince bir şekilde püre haline getirin. Kaseye dön. Maydanozu karıştırın. Daha önce olduğu gibi üzerini kapatın ve tam gazda 5 dakika pişirin. Kremayı katıp servis yapın.

TATLI PATATES ÇORBASI

6 servis

Yaban havucu ve Maydanoz Çorbası ile Wasabi olarak hazırlayın, ancak yaban havucu yerine doğranmış, portakal etli tatlı patatesleri değiştirin.

sebze kremalı çorba

4-6 porsiyon için

Çok faydalı bir çorba - sevdiğiniz veya elinizde bulunan herhangi bir sebze kombinasyonunu kullanın.

450 gr karışık taze sebze

1 soğan, doğranmış

25 gr/1 ons/2 yemek kaşığı tereyağı veya margarin veya 30 ml/2 yemek kaşığı ayçiçek yağı

175 ml/6 fl oz/¾ bardak su

450 ml/¾ pt/2 su bardağı süt veya süt ve su karışımı

15 ml/1 yemek kaşığı mısır nişastası (mısır nişastası)

2,5 ml/½ çay kaşığı tuz

kıyılmış maydanoz

Türüne göre sebzeleri hazırlayın ve küçük parçalar halinde kesin. Soğan, tereyağı, margarin veya sıvı yağ ve 30ml/2 yemek kaşığı su ile 2 litrelik bir kaseye koyun. Bir tabakla örtün ve 4 kez karıştırarak 12-14 dakika yumuşayana kadar yüksek ateşte pişirin. Bir karıştırıcıda iyice karıştırın. Sütün dörtte üçü veya süt ve su ile kaseye geri dönün. Mısır unu ile kalan sıvıyı pürüzsüz olana kadar karıştırın ve tuzla birlikte kaseye ekleyin. Açık, tam gazda 6 dakika 4 kez karıştırarak pişirin. Çorba kaselerine paylaştırın ve üzerine maydanoz serpin.

yeşil bezelye çorbası

4-6 porsiyon için

Kremalı Sebze Çorbası gibi hazırlayın, ancak karışık sebze ve soğan yerine 450 gr dondurulmuş bahçe bezelyesi kullanın. Maydanoz yerine kıyılmış nane ile hafifçe süsleyin.

balkabağı çorbası

4-6 porsiyon için

Kremalı sebze çorbası gibi hazırlayın, ancak sebzeleri ve soğanı 450 gr soyulmuş ve doğranmış kabak, kabak, kabak, balkabağı veya kabak ile değiştirin. Her porsiyonu maydanoz yerine rendelenmiş hindistan cevizi serpin.

Mantar kremalı çorba

4-6 porsiyon için

Kremalı sebze çorbası gibi hazırlayın, ancak karışık sebzeleri ve soğanı mantarla değiştirin.

balkabağı kremalı çorba

6-8 porsiyon

Çoğunlukla Cadılar Bayramı için, ancak çorba soğukken lezzetlidir, bu nedenle artıkları dondurun veya balkabağı mevsimindeyken fazladan bir parti yapın ve yaz başlangıcına kadar saklayın.

1,75 kg/4 lb taze kabak, bütün veya tam
2 soğan, kabaca doğranmış
15-20ml/3-4 çay kaşığı tuz
600ml/1pt/2½ bardak tam yağlı süt
15 ml/1 yemek kaşığı mısır nişastası (mısır nişastası)
30ml/2 yemek kaşığı soğuk su
2,5 ml/½ çay kaşığı öğütülmüş hindistan cevizi
Servis için kruton (isteğe bağlı)

Balkabağını kavun gibi dilimler halinde kesin. Çekirdeklerini çıkarıp yıkayın ve kurutun. Bir tabakta tek kat halinde düzenleyin. Hafifçe, üstü açık, tam olarak 4 dakika kızartın. Soğumaya bırakın, ardından kabukları kırın ve içindeki tohumları çıkarın. rezervasyonlar. Kabağı soyun ve eti oldukça büyük küpler halinde kesin. Soğanlarla birlikte geniş bir kaseye koyun ve iyice karıştırın. Streç filmle (plastik sargı) sıkıca kapatın, ancak kesmeyin. Kaseyi dört kez çevirerek 30 dakika yüksekte pişirin. Fırından çıkarın ve 10 dakika bekletin. Kabak, soğan ve pişirme sıvısını bir karıştırıcıda veya mutfak robotunda gruplar halinde karıştırın. Kaseye dön. Tuz ve sütle karıştırın. Mısır ununu pürüzsüz olana kadar su ile karıştırın ve hindistan cevizi ile püreye ekleyin. Her dakika karıştırarak 7 dakika boyunca kapağı açık olarak yüksek sıcaklıkta ısıtın.

Cock-a-leekie çorbası

6-8 porsiyon

4 porsiyon tavuk

4 pırasa, kabaca doğranmış

1,25 litre/2¼ puan/5½ bardak sıcak su

10ml/2 çay kaşığı tuz

1 poşet buket garni

50g/2 ons/¼ fincan pişirmesi kolay uzun taneli pirinç

12 adet çekirdeksiz (çekirdeksiz) erik

Tavuğu yıkayın ve 20 cm derinliğinde bir güvece (Hollanda Fırını) koyun. Pırasayı ekleyin. Streç filmle (plastik sargı) örtün ve buharın çıkması için iki kez yarık. 12 dakika tam gaz pişirin. Tavuğu tavadan çıkarın, eti kemiklerinden çıkarın ve ısırık büyüklüğünde parçalar halinde kesin. rezervasyonlar. Suyu ikinci, büyük bir kaseye dökün. Tuz ve buket garniyi pirinç, pırasa ve güveç kabından gelen sıvı ile ekleyin. Bir tabakla örtün ve 18 dakika yüksekte pişirin. Tavuk ve erikleri karıştırın. Daha önce olduğu gibi örtün ve 3 dakika daha pişirin. Çok sıcak ye.

viski çorbası

6 servis

30 ml/2 yemek kaşığı inci arpa
225 gr kuzu gerdan fileto, lokmalık küpler halinde kesilmiş
1,2 litre/2 puan/5 bardak sıcak su
1 büyük soğan, doğranmış
1 havuç, küçük küpler halinde kesilmiş
1 küçük şalgam, küçük küpler halinde kesilmiş
1 küçük pırasa, doğranmış
Tuz ve taze çekilmiş karabiber
kıyılmış maydanoz

Arpayı 75 ml/ 5 yemek kaşığı soğuk suda 4 saat bekletin. boşaltmak. Kuzuyu 2,25 litre/4 puan/10 fincanlık bir kaseye koyun. Sıcak su ve arpa ekleyin. Bir tabakla örtün ve 4 dakika yüksekte pişirin. Aşırı uçuş Hazırlanan sebzeleri baharatlayın ve tadına bakmak için tuz ve karabiber ekleyin. Arpa yumuşayana kadar, daha önce olduğu gibi 25-30 dakika yüksekte örtün ve pişirin. 5 dakika bekletin. Önceden ısıtılmış çorba kaselerine koyun ve bolca maydanoz serpin.

İsrail usulü tavuk ve avokado çorbası

4-5 kişi için

900 ml/1½ puan/3¾ bardak lezzetli tavuk suyu
1 büyük olgun avokado, soyulmuş ve çekirdeği çıkarılmış
30ml/2 yemek kaşığı taze limon suyu

Tavuk suyunu 1,5 litrelik / 2½ pt / 6 fincanlık bir kaseye dökün. Bir tabakla örtün ve 9 dakika yüksekte ısıtın. Avokado etini limon suyuyla püre haline gelene kadar püre haline getirin. Sıcak et suyuna karıştırın. Daha önce olduğu gibi örtün ve 1 dakika boyunca tam gazda ısıtın. Sıcak servis yapın.

Pancarlı avokado çorbası

4-5 kişi için

Her porsiyonu 7,5 mL/1½ çay kaşığı rendelenmiş pişmiş pancar (pancar) ile süsleyerek İsrail Tavuklu Avokado Çorbası gibi hazırlayın.

pancar çorbası

6 servis

450 gr çiğ pancar (pancar)
75ml/5 yemek kaşığı su
1 büyük havuç, soyulmuş ve rendelenmiş
1 küçük şalgam, soyulmuş ve rendelenmiş
1 soğan, soyulmuş ve rendelenmiş
750ml/1¼ puan/3 bardak sıcak et suyu veya sebze suyu
125 gr beyaz lahana, rendelenmiş
15 ml/1 yemek kaşığı limon suyu
5ml/1 çay kaşığı tuz
Taze çekilmiş karabiber
90 ml/6 yemek kaşığı ekşi krema

Pancarları iyice yıkayın ama kabuklarını soymadan bırakın. 20 cm/ 8 inç çapında sığ bir kaseye suyla tek kat olacak şekilde yerleştirin. Streç filmle (plastik sargı) örtün ve buharın çıkması için iki kez yarık. 15 dakika tam gaz pişirin. Havuç, pancar ve soğanı 2 litrelik bir kaseye koyun. Pancarı boşaltın, soyun ve dilimleyin. 150ml/¼ Pt/2/3 fincan et suyu ile sebze kasesine ekleyin. Daha önce olduğu gibi örtün ve 10 dakika yüksekte pişirin. Kalan suyu ve ekşi krema hariç diğer tüm malzemeleri karıştırın, tadına göre baharatlayın. Bir tabakla örtün ve dört kez karıştırarak 10 dakika yüksekte pişirin. Önceden ısıtılmış çorba kaselerine koyun ve 15 ml/1 yemek kaşığı ekşi krema ile süsleyin.

Soğuk Borç

6 servis

Bortsch gibi hazırlayın ve soğumaya bırakın. Soğuk süzün. 150 ml/ ¼ pt/2/3 su bardağı soğuk su ve kabaca doğranmış 1 büyük pişmiş pancar ekleyin. 15 dakika bekletin. Tekrar süzün. Tatmak için ilave limon suyu ekleyin. Servis yapmadan önce birkaç saat soğutun.

Kremalı soğuk borsch

6 servis

Soğuk borsch gibi hazırlayın. İkinci süzmeden sonra, bir blender veya mutfak robotunda 250 ml/ 8 fl oz/1 fincan yarı yağsız taze krema ile püre haline getirin. Rahatlamak.

Portakallı Mercimek Çorbası

4-5 kişi için

125 gr / 4 ons / ½ su bardağı portakal mercimek
1 büyük soğan, rendelenmiş
1 büyük havuç, rendelenmiş
½ küçük şalgam, rendelenmiş
1 patates, rendelenmiş
20 ml/4 çay kaşığı tereyağı veya margarin
5 ml/1 çay kaşığı mısır veya ayçiçek yağı
30ml/2 yemek kaşığı kıyılmış maydanoz, artı süsleme için ekstra
900 ml/1½ pt/3¾ fincan sıcak tavuk veya sebze suyu
Tuz ve taze çekilmiş karabiber

Mercimekleri yıkayıp süzün. Sebzeleri, tereyağı veya margarini ve sıvı yağı 2 litrelik bir kaseye koyun. Maydanozu ekleyin. Üç kez karıştırarak 5 dakika yüksekte pişirin. Mercimekleri ve sıcak et suyunun üçte birini ilave edin. Tatmak için mevsim. Streç filmle (plastik sargı) örtün ve buharın çıkması için iki kez yarık. Mercimekler yumuşayana kadar 10 dakika yüksek ateşte pişirin. (Değilse, 5-6 dakika daha pişirin.) Bir blender veya mutfak robotuna koyun ve kaba bir püre haline getirin. Kalan et suyu ile kaseye geri dönün. Bir plaka ile örtün ve 3 kez karıştırarak 6 dakika yüksek ateşte ısıtın. Her porsiyona ekstra maydanoz serperek hemen servis yapın.

Peynir ve kavrulmuş kaju fıstığı ile portakal mercimek çorbası

4-5 kişi için

Portakal-mercimek çorbası gibi bir hazırlık, ancak son ısıtmadan sonra 60 ml/4 yk rendelenmiş Edam peyniri ve 60 ml/4 yk iri kıyılmış kavrulmuş kaju fıstığını karıştırın.

Domates garnitürlü mercimek çorbası

4-5 kişi için

Portakal Mercimek Çorbası gibi hazırlayın, ancak üzerine maydanoz serpmek yerine her porsiyona 5 ml/1 çay kaşığı güneşte kurutulmuş domates salçası serpin ve ardından bir dilim taze domatesin içinde süzün.

Sarı Bezelye Çorbası

6-8 porsiyon

İsveç'te her Perşembe yenilen bezelye çorbasının İsveç versiyonu. Bunu genellikle krep ve reçel takip eder.

350 gr / 12 ons / 1½ fincan sarı bezelye, yıkanmış
900 ml/1½ puan/3¾ su bardağı soğuk su
5 ml/1 çay kaşığı mercanköşk
1 jambon kemiği, yaklaşık 450-500 gr
750 ml/1¼ puan/3 bardak sıcak su
5-10ml/1-2 çay kaşığı tuz

Parçalanmış bezelyeleri bir karıştırma kabına koyun. Soğuk suyu ekleyin. Bir tabakla örtün ve 6 dakika yüksekte pişirin. 3 saat bekletin. Bezelye ve ıslatma suyunu 4½ puan/11 fincan 2,5 litrelik bir kaseye koyun. Mercanköşkü karıştırın ve jambon kemiğini ekleyin. Streç filmle (plastik sargı) örtün ve buharın çıkması için iki kez yarık. 30 dakika tam gaz pişirin. Sıcak suyun yarısını karıştırın. Daha önce olduğu gibi örtün ve 15 dakika daha tam gazda pişirin. Kemiği çıkarın. Eti kemikten çıkarın ve küçük parçalar halinde kesin. Kalan sıcak su ile çorbaya dönün. Tuzla tatlandırın. İyice karıştırın. Bir tabakla örtün ve 3 dakika yüksek ateşte ısıtın.

Fransız soğan çorbası

6 servis

30 ml/2 yemek kaşığı tereyağı, margarin veya ayçiçek yağı
4 soğan, ince dilimlenmiş ve halkalara ayrılmış
20 ml/4 çay kaşığı mısır nişastası (mısır nişastası)
900 ml/1½ puan/3¾ su bardağı sıcak et suyu veya et suyu
Tuz ve taze çekilmiş karabiber
6 dilim baget ekmeği, çapraz olarak kesilmiş
90 ml/6 yemek kaşığı rendelenmiş Gruyere (İsviçre) veya Jarlsberg peyniri
kırmızı biber

Tereyağı, margarin veya sıvı yağı 2 litrelik bir kaseye koyun. Açıkta, yüksekte 2 dakika ısıtın. Soğan halkalarını kaseye karıştırın. Kapağı açık olarak 5 dakika tam gazda pişirin. Mısır ununu karıştırın. Yavaş yavaş sıcak et suyunun yarısını ekleyin. Kalıbı streç filmle (plastik sargı) örtün ve buharın çıkması için iki kez yarık açın. Kaseyi dört kez çevirerek 30 dakika yüksekte pişirin. Kalan suyu ve tadı karıştırın. İyice karıştırın. Çorbayı altı kaseye koyun ve her birine bir dilim ekmek ekleyin. Peynir ve kırmızı biber serpin. Her kaseyi ayrı ayrı mikrodalgada ısıtın ve peynir eriyene ve köpürene kadar 1½ dakika yüksekte ısıtın. Yakında yemek.

etli ve sebzeli italyan çorbası

8-10 kişi için

350 gr kabak (kabak), ince dilimlenmiş
225 gr havuç, ince dilimlenmiş
225 gr soğan, kabaca doğranmış
125 gr beyaz lahana, rendelenmiş
125 gr karalahana, rendelenmiş
3 sap kereviz, ince dilimlenmiş
3 patates, doğranmış
125 gr/4 ons/1 su bardağı taze veya dondurulmuş bezelye
125 gr/4 ons taze veya dondurulmuş dilimlenmiş yeşil fasulye
400g / 14 ons / 1 büyük kutu domates
30 ml/2 yemek kaşığı domates püresi (salça)
50 gr makarna, kısa parçalara ayrılmış
1 litre/1¾ puan/4¼ bardak sıcak su
15-20ml/3-4 çay kaşığı tuz
100g/3½ ons/1 su bardağı rendelenmiş Parmesan peyniri

Hazırlanan tüm sebzeleri 3,5 litrelik / 6 pt / 15 fincanlık bir kaseye koyun. Su ve tuz hariç kalan malzemeleri ilave edin ve bir tahta kaşığın arkasını kasenin kenarına dayayarak domatesleri parçalayın. Büyük bir tabakla örtün ve 3 kez karıştırarak 15 dakika yüksekte pişirin. Sıcak suyun yaklaşık dörtte üçünü karıştırın. Daha önce olduğu gibi örtün ve 4 veya 5 kez karıştırarak 25 dakika yüksekte pişirin. Mikrodalgadan çıkarın. Tatmak için kalan suyu ve tuzu karıştırın. Çorba çok koyu görünüyorsa, ekstra kaynar su ile inceltin. Derin kaselere koyun ve ayrı olarak servis edilen Parmesan ile servis yapın.

sebzeli çorba Cenevizli

8-10 kişi için

Minestrone gibi hazırlayın, ancak servis yapmadan önce 30 ml/2 yemek kaşığı hazır yeşil pesto ekleyin.

İtalyan Patates Çorbası

4-5 kişi için

1 büyük soğan, doğranmış
30 ml/2 yemek kaşığı zeytinyağı veya ayçiçek yağı

4 büyük patates
1 küçük pişmiş jambon kemiği
1,25 litre/2¼ puan/5½ bardak sıcak tavuk suyu
Tuz ve taze çekilmiş karabiber
60 ml/4 yemek kaşığı sade (hafif) krema
rendelenmiş hindistan cevizi
30ml/2 yemek kaşığı kıyılmış maydanoz

2,25 litre / 4 pt / 10 fincan kapta soğan ve yağı birleştirin. İki kez karıştırarak 5 dakika boyunca açıkta çözün. Bu arada patatesleri soyup rendeleyin. Soğanları karıştırın ve jambon kemiğini, sıcak et suyunu ve tadına bakmak için tuz ve karabiber ekleyin. Bir tabakla örtün ve patatesler yumuşayana kadar iki kez karıştırarak 15-20 dakika yüksek ateşte pişirin. Kremayı karıştırın, çorba kaselerine dökün ve üzerine hindistan cevizi ve maydanoz serpin.

Taze domates ve kereviz çorbası

6-8 porsiyon

900 gr olgun domates, beyazlatılmış, kabuğu çıkarılmış ve dörde bölünmüş

50 gr/2 oz/¼ fincan tereyağı veya margarin veya 30 ml/2 yemek kaşığı zeytinyağı

2 sap kereviz, ince kıyılmış

1 büyük soğan, ince kıyılmış

30ml/2 yemek kaşığı koyu yumuşak kahverengi şeker

5 ml/1 çay kaşığı soya sosu

2,5 ml/½ çay kaşığı tuz

300 ml/½ puan/1¼ su bardağı sıcak su

30 ml/2 yemek kaşığı mısır nişastası (mısır nişastası)

150 ml/¼ puan/2/3 su bardağı soğuk su

Orta şeri

Domatesleri bir blender veya mutfak robotunda püre haline getirin. 1,75 litrelik bir kaba tereyağı, margarin veya sıvı yağı koyun. 1 dakika boyunca tam gaz ısıtın. Kereviz ve soğanı karıştırın. Bir tabakla örtün ve yüksekte 3 dakika pişirin. Domates passata, şeker, soya sosu, tuz ve sıcak suyu ekleyin. Daha önce olduğu gibi örtün ve 4 kez karıştırarak 8 dakika yüksekte pişirin. Bu arada, mısır nişastasını pürüzsüz olana kadar soğuk suyla karıştırın. Çorbaya karıştırın. Açık, tam gazda 8 dakika 4 kez karıştırarak pişirin. Çorba kaselerine paylaştırın ve her birine biraz şeri ekleyin.

Avokado soslu domates çorbası

8 servis

2 olgun avokado

1 küçük limonun suyu

1 diş sarımsak, ezilmiş

30 ml/2 yemek kaşığı hardallı mayonez

45 ml/3 yemek kaşığı taze krema

5ml/1 çay kaşığı tuz

bir tutam zerdeçal

600 ml / 20 fl oz / 2 kutu yoğunlaştırılmış domates çorbası

600ml/1pt/2½ bardak ılık su

2 domates, beyazlatılmış, derisi alınmış, çekirdekleri çıkarılmış ve dörde bölünmüş

Avokadoları soyun ve ikiye bölün, taşı çıkarın. Eti iyice püre haline getirin, ardından limon suyu, sarımsak, mayonez, taze krema, tuz ve zerdeçal ile karıştırın. Örtün ve gerekene kadar soğutun. Her iki kutu çorbayı 1,75 litrelik bir kaseye dökün. Suyu dikkatlice karıştırın. Domates etini şeritler halinde kesin ve üçte ikisini çorbaya ekleyin. Kaseyi bir tabakla örtün ve 4 veya 5 kez karıştırarak 9 dakika çok sıcak olana kadar tam gazda pişirin. Çorba kaselerine paylaştırın ve her birine bir kaşık avokado sosu ekleyin. Kalan domates şeritleri ile süsleyin.

Soğutulmuş Peynir ve Soğan Çorbası

6-8 porsiyon

25g/1 ons/2 yemek kaşığı tereyağı veya margarin

2 soğan, doğranmış

2 sap kereviz, ince kıyılmış

30ml/2 yemek kaşığı sade (çok amaçlı) un

900 ml/1½ puan/3¾ bardak ılık tavuk veya sebze suyu

45 ml/3 yemek kaşığı sek beyaz şarap veya beyaz porto şarabı

Tuz ve taze çekilmiş karabiber

125g/4 ons/1 su bardağı mavi peynir, ufalanmış

125 gr/4 ons/1 su bardağı rendelenmiş çedar peyniri

150 ml/¼ puan/2/3 su bardağı krem şanti

Garnitür için ince kıyılmış adaçayı

Tereyağı veya margarini 2,25 litrelik bir kaseye koyun. Açıkta eritin, 1½ dakika çözün. Soğan ve kerevizi karıştırın. Bir tabakla örtün ve 8 dakika yüksekte pişirin. Mikrodalgadan çıkarın. Unu karıştırın, ardından yavaş yavaş et suyu ve şarap veya limanda karıştırın. Daha önce olduğu gibi örtün ve çorba pürüzsüz, koyu ve sıcak olana kadar her 2-3 dakikada bir karıştırarak 10-12 dakika yüksekte pişirin. Tatmak için mevsim. Peyniri ekleyin ve eriyene kadar karıştırın. Örtün ve soğumaya bırakın, ardından birkaç saat veya gece boyunca buzdolabında saklayın. Servis yapmadan önce, kremayı yavaşça karıştırın ve karıştırın. Bardaklara veya kaselere koyun ve her birine hafifçe adaçayı serpin.

İsviçre peyniri çorbası

6-8 porsiyon

25g/1 ons/2 yemek kaşığı tereyağı veya margarin

2 soğan, doğranmış

2 sap kereviz, ince kıyılmış

30ml/2 yemek kaşığı sade (çok amaçlı) un

900 ml/1½ puan/3¾ bardak ılık tavuk veya sebze suyu

45 ml/3 yemek kaşığı sek beyaz şarap veya beyaz porto şarabı

5 ml/1 çay kaşığı kimyon

1 diş sarımsak, ezilmiş

Tuz ve taze çekilmiş karabiber

225 gr / 8 ons / 2 su bardağı Emmental veya Gruyere (İsviçre) peyniri, rendelenmiş

150 ml/¼ puan/2/3 su bardağı krem şanti

Kızarmış ekmek

Tereyağı veya margarini 2,25 litrelik bir kaseye koyun. Açıkta eritin, 1½ dakika çözün. Soğan ve kerevizi karıştırın. Bir tabakla örtün ve 8 dakika yüksekte pişirin. Mikrodalgadan çıkarın. Unu karıştırın, ardından yavaş yavaş et suyu ve şarap veya limanda karıştırın. Kimyon ve sarımsağı katıp karıştırın. Daha önce olduğu gibi örtün ve çorba sıcak, pürüzsüz ve koyulaşana kadar her 2-3 dakikada bir karıştırarak 10-12 dakika yüksekte pişirin. Tatmak için mevsim. Peyniri ekleyin ve eriyene kadar karıştırın. Kremayı karıştırın. Kuplara veya kaselere koyun ve krutonlarla süsleyerek sıcak servis yapın.

Avgolemono çorbası

6 servis

1,25 litre/2¼ puan/5½ bardak sıcak tavuk suyu
60 ml/4 yemek kaşığı risotto pirinci
2 limon suyu
2 büyük yumurta
Tuz ve taze çekilmiş karabiber

Et suyunu 1,75 litrelik derin bir kaseye dökün. Pirinci karıştırın. Bir tabakla örtün ve pirinç yumuşayana kadar 20-25 dakika yüksekte pişirin. Bir çorba kasesinde veya başka bir büyük servis tabağında limon suyu ve yumurtaları iyice çırpın. Et suyu ve pirinci yavaşça karıştırın. Servis yapmadan önce tadına bakın.

Pastisli Salatalık Kremalı Çorba

6-8 porsiyon

900 gr salatalık, soyulmuş

45ml/3 yemek kaşığı tereyağı veya margarin

30 ml/2 yemek kaşığı mısır nişastası (mısır nişastası)

600ml/1pt/2½ bardak tavuk veya sebze suyu

300 ml/½ puan/1¼ su bardağı krem şanti

7,5-10ml/1½-2 çay kaşığı tuz

10 ml/2 çay kaşığı Pernod veya Ricard (pastis)

Taze çekilmiş karabiber

Kıyılmış dereotu (dereotu otu)

Bir rende veya mutfak robotunun bıçağını kullanarak salatalığı çok ince dilimleyin. Bir kaseye koyun, üzerini örtün ve nemin bir kısmının buharlaşması için 30 dakika bekletin. Temiz bir kurulama bezinde (kurulama bezi) mümkün olduğu kadar kuru şekilde sıkın. Tereyağı veya margarini 2,25 litrelik bir kaseye koyun. Açıkta eritin, 1½ dakika çözün. Salatalıkta karıştırın. Bir tabakla örtün ve 3 kez karıştırarak 5 dakika yüksekte pişirin. Mısır nişastasını biraz et suyuyla pürüzsüz hale gelinceye kadar karıştırın, ardından et suyunun geri kalanını ekleyin. Yavaş yavaş salatalığa karıştırın. Çorba sıcak, pürüzsüz ve koyulaşana kadar 3 veya 4 kez karıştırarak, tam gaz açıkken yaklaşık 8 dakika pişirin. Krema, tuz ve pastis ekleyin ve iyice karıştırın. 1–1½ dakika yüksekte ısıtın.

Pirinçli köri çorbası

6 servis

Hoş hafif bir Anglo-Hint tavuk çorbası.

30 ml/2 yemek kaşığı fıstık veya ayçiçek yağı
1 büyük soğan, doğranmış
3 sap kereviz, ince kıyılmış
15 ml/1 yemek kaşığı köri tozu
30ml/2 yemek kaşığı yarı kuru şeri
1 litre/1¾ pt/4¼ bardak tavuk veya sebze suyu
125 gr uzun taneli pirinç
5ml/1 çay kaşığı tuz
15 ml/1 yemek kaşığı soya sosu
175 gr / 6 ons / 1½ fincan pişmiş tavuk, şeritler halinde kesilmiş
Servis için kalın doğal yoğurt veya taze krema

Yağı 2,25 litre / 4 pt / 10 fincan kaseye dökün. 1 dakika boyunca yüksekte ısıtın. Soğan ve kereviz ekleyin. Bir kez karıştırarak 5 dakika boyunca kapağı açık olarak pişirin. Köri tozu, şeri, et suyu, pirinç, tuz ve soya sosuyla karıştırın. Bir tabakla örtün ve iki kez karıştırarak 10 dakika yüksek pişirin. Tavuğu ekleyin. Daha önce olduğu gibi üzerini kapatın ve tam gazda 6 dakika pişirin. Kaselere dökün ve her birini yoğurt veya kremalı turta ile süsleyin.

Vichyssoise

6 servis

20. yüzyılın başlarında Amerikalı şef Louis Diat tarafından icat edilen pırasa ve patates çorbasının sofistike ve soğutulmuş bir versiyonu.

2 pırasa

350 gr patates, soyulmuş ve dilimlenmiş

25g/1 ons/2 yemek kaşığı tereyağı veya margarin

30ml/2 yemek kaşığı su

450 ml/¾ puan/2 su bardağı süt

15 ml/1 yemek kaşığı mısır nişastası (mısır nişastası)

150 ml/¼ puan/2/3 su bardağı soğuk su

2,5 ml/½ çay kaşığı tuz

150 ml/¼ puan/2/3 su bardağı sade (hafif) krema

Süslemek için kıyılmış maydanoz

Pırasayı temizleyin, yeşilin çoğunu kesin. Gerisini kesin ve iyice yıkayın. Kalın dilimleyin. Patates, tereyağı veya margarin ve su ile 2 litrelik bir kaseye koyun. Bir tabakla örtün ve dört kez karıştırarak 12 dakika yüksekte pişirin. Bir karıştırıcıya koyun, sütü ekleyin ve püre haline getirin. Mahkemeye dön. Mısır ununu pürüzsüz olana kadar suyla karıştırın ve kaseye dökün. Tuzla tatlandırın. Her dakika atarak 6 dakika tam gazda kapağı açık olarak pişirin. Soğumaya bırakın. Kremayı karıştırın. İyice örtün ve soğutun. Kaselere dökün ve her bir parçayı frenk soğanı ile serpin.

Yoğurtlu soğutulmuş salatalık çorbası

6-8 porsiyon

25g/1 ons/2 yemek kaşığı tereyağı veya margarin

1 büyük diş sarımsak

1 salatalık, soyulmuş ve iri rendelenmiş
600ml/1 puan/2½ bardak sade yoğurt
300 ml/½ puan/1¼ su bardağı süt
150 ml/¼ puan/2/3 su bardağı soğuk su
2,5-10ml/½-2 çay kaşığı tuz
Süslemek için kıyılmış nane

Tereyağı veya margarini 1,75 litrelik bir kaba koyun. 1 dakika boyunca yüksekte ısıtın. Sarımsağı ezin ve salatalığı ekleyin. Kapağı açık olarak tam gazda 4 dakika iki kez karıştırarak pişirin. Mikrodalgadan çıkarın. Kalan tüm malzemeleri karıştırın. Örtün ve birkaç saat buzdolabında saklayın. Kaselere alın ve her bir parçayı nane ile serpin.

Soğutulmuş yoğurtlu ıspanak çorbası

6-8 porsiyon

25g/1 ons/2 yemek kaşığı tereyağı veya margarin
1 büyük diş sarımsak

450 gr taze ıspanak yaprağı, doğranmış
600ml/1 puan/2½ bardak sade yoğurt
300 ml/½ puan/1¼ su bardağı süt
150 ml/¼ puan/2/3 su bardağı soğuk su
2,5-10ml/½-2 çay kaşığı tuz
1 limon suyu
Süslemek için rendelenmiş hindistan cevizi veya çekilmiş ceviz

Tereyağı veya margarini 1,75 litrelik bir kaba koyun. 1 dakika boyunca yüksekte ısıtın. Sarımsağı ezip ıspanağı ekleyin. Kapağı açık olarak tam gazda 4 dakika iki kez karıştırarak pişirin. Mikrodalgadan çıkarın. Bir blender veya mutfak robotunda kaba bir püre haline getirin. Kalan tüm malzemeleri karıştırın. Örtün ve birkaç saat buzdolabında saklayın. Kaselere koyun ve her porsiyonun üzerine hindistan cevizi veya öğütülmüş ceviz serpin.

Şeri ile soğutulmuş domates çorbası

4-5 kişi için

300 ml/½ puan/1¼ bardak su
300ml/10 fl oz/1 kutu yoğunlaştırılmış domates çorbası
30ml/2 yemek kaşığı kuru şeri

150 ml/¼ puan/2/3 fincan çift (ağır) krema

5 ml/1 çay kaşığı Worcestershire sosu

Süslemek için kıyılmış maydanoz

Suyu 1,25 litrelik bir kaseye dökün ve üstü açık, yüksekte 4-5 dakika, köpürmeye başlayana kadar ısıtın. Domates çorbasını karıştırın. Her şey pürüzsüz olduğunda, kalan malzemeleri iyice karıştırın. Örtün ve 4-5 saat soğutun. İyice karıştırın, cam kaselere dökün ve frenk soğanı serpin.

New England Balık Çorbası

6-8 porsiyon

Kuzey Amerika'da Pazar brunch'larında her zaman servis edilen istiridye çorbası en büyük klasiktir, ancak istiridye bulmak o kadar kolay olmadığı için yerini beyaz balık almıştır.

5 çizgili pastırma dilimleyici (dilim), kabaca doğranmış

1 büyük soğan, soyulmuş ve rendelenmiş
15 ml/1 yemek kaşığı mısır nişastası (mısır nişastası)
30ml/2 yemek kaşığı soğuk su
450g/1lb patates, 1cm/½ şeklinde doğranmış
900 ml/1½ pt/3¾ fincan sıcak tam yağlı süt
450 g feste Weißfischfilets, enthäutet und in mundgerechte Stücke geschnitten
2,5 ml/½ TL gemahlene Muskatnuss
Salz und frisch gemahlener schwarzer Pfeffer

Legen Sie den Speck in eine 2,5-Liter-/4½-Pt-/11-Tassen-Schüssel. Fügen Sie die Zwiebel hinzu und kochen Sie sie unbedeckt 5 Minuten lang auf Vollgas. Maizena mit dem Wasser glatt rühren und in die Schüssel rühren. Die Kartoffeln und die Hälfte der heißen Milch untermischen. Kochen Sie ohne Deckel 6 Minuten lang auf Vollgas und rühren Sie dreimal um. Restliche Milch einrühren und ohne Deckel 2 Minuten auf Full garen. Den Fisch mit der Muskatnuss dazugeben und abschmecken. Mit einem Teller abdecken und 2 Minuten auf Vollgas garen, bis der Fisch zart ist. (Keine Sorge, wenn der Fisch zu flocken beginnt.) In tiefe Schüsseln schöpfen und sofort essen.

Krabbensuppe

Serviert 4

25 gr / 1 ons / 2 yemek kaşığı tuzsuz (tatlı) tereyağı

20ml/4 çay kaşığı sade (çok amaçlı) un

300 ml/½ pt/1¼ bardak ısıtılmış tam yağlı süt

300 ml/½ puan/1¼ bardak su

2,5 ml/½ çay kaşığı İngiliz yapımı hardal

Bir tutam acı biber sosu

25 gr/1 ons/¼ fincan rendelenmiş çedar peyniri

175 gr/6 ons açık ve koyu yengeç eti

Tuz ve taze çekilmiş karabiber

45ml/3 yemek kaşığı kuru şeri

Tereyağını 1,75 litrelik bir kaseye koyun. 1–1½ dakika eriterek çözün. unu karıştırın. Kapağı açık olarak tam gazda 30 saniye pişirin. Süt ve suyu yavaş yavaş karıştırarak ekleyin. Her dakika atarak pürüzsüz ve kalınlaşana kadar 5-6 dakika yüksekte açıkta pişirin. Kalan tüm malzemeleri karıştırın. 1½–2 dakika yüksek ateşte kapağı açık olarak iki kez karıştırarak sıcak olana kadar pişirin.

Yengeç ve Limon Çorbası

4 servis

Karides çorbası gibi hazırlayın ama kalan malzemelerle birlikte 5 ml/1 çay kaşığı ince rendelenmiş limon kabuğu rendesi ekleyin. Her parçayı biraz rendelenmiş hindistan cevizi ile tozlayın.

Istakoz bisque

4 servis

Yengeç çorbası gibi hazırlayın, ancak süt yerine krema ve yengeç eti için kıyılmış ıstakoz kullanın.

Kurutulmuş paket çorba

Paketin içeriğini 1,25 litrelik bir kaseye dökün. Yavaş yavaş tavsiye edilen miktarda soğuk su ilave edin. Örtün ve sebzeleri yumuşatmak için 20 dakika bekletin. karıştırmak. Bir tabakla örtün ve çorba kaynayana ve koyulaşana kadar iki kez karıştırarak 6-8 dakika yüksek ateşte pişirin. 3 dakika bekletin. Karıştırın ve servis yapın.

Konserve yoğunlaştırılmış çorba

Çorbayı 1,25 litre/2¼ Pt/5½ fincan ölçü kabına dökün. 1 kutu kaynar su ekleyin ve iyice karıştırın. Bir tabak veya tabakla örtün ve çorba sadece 6-7 dakika kaynayana kadar iki kez karıştırarak yüksek ateşte ısıtın. Kaselere dökün ve servis yapın.

çorbaları ısıtmak

Başarılı sonuçlar için, berrak veya ince çorbaları Tam kıvamına ve kremsi çorbaları ve et sularını Buz Çözmek için yeniden ısıtın.

Yemek pişirmek için ısıtma yumurtaları

Son dakikada pişirmeye karar verdiğinizde ve oda sıcaklığında yumurtaya ihtiyaç duyduğunuzda paha biçilemez.

1 yumurta için: Yumurtayı küçük bir kaseye veya bardağa kırın. Kabuğunun çatlamasını ve sarının patlamasını önlemek için sarısını bir şiş veya bıçak ucuyla iki kez delin. Kaseyi veya bardağı bir tabakla örtün. Isıyı 30 saniye boyunca çözün.

2 yumurta için: 1 yumurta gibi ama 30-45 saniye ısıtın.

3 yumurta için: 1 yumurta gibi, ancak 1–1¼ dakika ısıtın.

Haşlanmış yumurta

Bunlar en iyi kendi yemeklerinde ayrı ayrı pişirilir.

1 yumurta için: Sığ bir kaseye 90 ml/6 yemek kaşığı sıcak su dökün. Beyazlamayı önlemek için 2,5 ml/½ çay kaşığı hafif sirke ekleyin. 1 yumurtayı yavaşça bir bardağa kırın. Sarısını bir şiş veya bıçak ucuyla iki kez delin. Bir tabakla örtün ve yumurta aklarını ne kadar sert sevdiğinize bağlı olarak 45 saniye ila 1¼ dakika arasında yüksek pişirin. 1 dakika bekletin. Delikli bir balık diski ile kalıptan kaldırın.

2 tabakta aynı anda pişirilen 2 yumurta için: 1½ dakika yüksekte pişirin. 1¼ dakika bekletin. Yumurta akları çok sıvı ise 15-20 saniye daha pişirin.

3 tabakta aynı anda pişirilen 3 yumurta için: 2-2½ dakika yüksekte pişirin. 2 dakika bekletin. Yumurta akları çok sıvı ise 20-30 saniye daha pişirin.

Kızarmış (sotelenmiş) yumurta

Mikrodalga burada harika bir iş çıkarıyor ve yumurtalar yumuşak ve yumuşak, her zaman güneşli tarafı yukarı ve asla kıvrılmayan beyaz bir kenarla çıkıyor. Sarısı beyazından daha hızlı pişeceği ve sertleşeceği için bir seferde 2'den fazla yumurtanın kızartılması önerilmez. Bunun nedeni, yumurta aklarını sabitlemek için gereken daha uzun pişirme süresidir. Fransa'da olduğu gibi herhangi bir dekorasyon dokunuşu olmadan porselen veya çanak çömlek kullanın.

1 yumurta için: Küçük bir porselen veya toprak kaseyi hafifçe eritilmiş tereyağı, margarin veya bir tutam narin zeytinyağı ile fırçalayın. Yumurtayı bir bardağa kırın ve ardından hazırlanan kaseye kaydırın. Sarısını bir şiş veya bıçak ucuyla iki kez delin. Hafifçe tuz ve taze çekilmiş karabiber serpin. Bir tabakla örtün ve 30 saniye yüksekte pişirin. 1 dakika bekletin. 15-20 saniye daha pişirmeye devam edin. Yumurta akları yeterince pişmemişse 5-10 saniye daha pişirin.

2 yumurta için: 1 yumurta gibi ama önce 1 dakika tam pişirin sonra 1 dakika bekletin. 20-40 saniye daha pişirin. Beyaz yeterince sert değilse 6-8 saniye daha bekleyin.

Piperade

4 servis

30ml/2 yemek kaşığı zeytinyağı

3 soğan, çok ince dilimlenmiş

2 yeşil (biber), tohumlanmış ve ince kıyılmış

6 adet domates, beyazlatılmış, kabuğu soyulmuş, çekirdekleri çıkarılmış ve doğranmış

15ml/1 yemek kaşığı kıyılmış fesleğen yaprağı

Tuz ve taze çekilmiş karabiber

6 büyük yumurta

60ml/4 yemek kaşığı çift (ağır) krema

tost, hizmet etmek

Yağı 25 cm/10 inç çaplı derin bir kaseye dökün ve kapağı açık olarak 1 dakika boyunca yüksek ateşte ısıtın. Soğan ve biberleri katıp karıştırın. Bir tabakla örtün ve sebzeler yumuşayana kadar 12-14 dakika buz çözme modunda pişirin. Domatesleri ve fesleğenleri ilave edip tatlandırın. Daha önce olduğu gibi kapatın ve tam gazda 3 dakika pişirin. Yumurtaları ve kremayı iyice çırpın ve tatmak için baharatlayın. Kalıba dökün ve sebzelerle karıştırın. Her dakika karıştırarak hafifçe birleşene kadar 4-5 dakika yüksekte kapağı açık olarak pişirin. Huysuz tostla servis yapmadan önce üzerini örtün ve 3 dakika bekletin.

Jambonlu pipet

4 servis

Piperade gibi hazırlayın, ancak kızarmış (sotelenmiş) ekmek porsiyonlarında kaşıkla servis yapın ve her birinin üzerine ızgara (kızarmış) veya mikrodalgada jambon dilimi (dilim) koyun.

Piperada

4 servis

Piperade'nin İspanya versiyonu.

Piperade'de olduğu gibi hazırlayın, ancak soğan ve yeşil (dolmalık biber) ile pişmiş sebzelere 2 diş ezilmiş sarımsak ve 125 gr iri kıyılmış domuz pastırması ekleyin. Her porsiyonu dilimlenmiş doldurulmuş zeytinlerle süsleyin.

yumurta Floransalı

4 servis

450 gr taze pişmiş ıspanak
60 ml/4 yemek kaşığı krem şanti
4 haşlanmış yumurta, bir seferde 2 pişmiş
300 ml/½ pt/1¼ fincan sıcak peynir sosu veya mornay sosu
50 gr / 2 ons / ½ su bardağı rendelenmiş peynir

Ispanağı ve kremayı bir mutfak robotu veya karıştırıcıda işleyin. Tereyağlı, sığ, 18 cm'lik ısıya dayanıklı bir kaseye dizin. Bir tabakla örtün ve 1½ dakika yüksek ateşte ısıtın. Üzerine yumurtaları dizin ve acı sos ile fırçalayın. Peynir serpin ve sıcak ızgara (ızgara) altında kızartın.

Haşlanmış yumurta Rossini

HİZMETLER 1

Bu, yaprak salatası ile zarif, hafif bir öğle yemeği yapar.

Huysuz buğday unu ekmeği dilimlerini kızartın (sote edin) veya kızartın. Maliyet izin verirse biraz yer mantarı içeren pürüzsüz bir ciğer ezmesi sürün. Taze haşlanmış haşlanmış yumurta ile süsleyin ve hemen servis yapın.

Patlıcan yumurtalı çırpılmış yumurta

4 servis

Mikrodalgaya iyi dönüşen bir İsrail fikri. Tadı garip bir şekilde güçlü.

750 gr / 1½ lb patlıcan (patlıcan)

15 ml/1 yemek kaşığı limon suyu
15 ml/1 yemek kaşığı mısır veya ayçiçek yağı
2 soğan, ince kıyılmış
2 diş sarımsak, ezilmiş
4 büyük yumurta
60ml/4 yemek kaşığı süt
Tuz ve taze çekilmiş karabiber
Servis için tereyağlı sıcak tost

Patlıcanların kabuklarını soyup ayıklayın ve uzunlamasına ortadan ikiye kesin. Kesilen tarafı alta gelecek şekilde geniş bir tabağa dizin ve üzerini mutfak kağıdıyla kapatın. Tam gazda 8-9 dakika veya yumuşayana kadar pişirin. Kabuklardan elde edilen posayı limon suyuyla doğrudan bir mutfak robotuna koyun ve kaba bir püre haline getirin. Yağı 1,5 litre / 2½ pt / 6 fincan kaseye koyun. Açıkta tam gazda 30 saniye ısıtın. Soğan ve sarımsağı karıştırın. Kapağı açık olarak 5 dakika tam gazda pişirin. Yumurtaları sütle çırpın ve iyice baharatlayın. Kaseye dökün ve her 30 saniyede bir karıştırarak soğanları ve sarımsakları 2 dakika yüksekte karıştırın. Soğan ve sarımsağı ekleyip karıştırın ve patlıcan püresini ekleyin. 3-4 dakika tam gazda kapağı açık olarak pişirin karışım koyulaşana ve yumurtalar eklenene kadar her 30 saniyede bir karıştırarak. Sıcak tereyağlı tost üzerinde servis yapın.

klasik omlet

1 kişilik

Sade veya içi dolu olarak servis edilebilen hafif dokulu bir omlet.

Eritilmiş tereyağı veya margarin
3 yumurta
20ml/4 çay kaşığı tuz
Taze çekilmiş karabiber
30ml/2 yemek kaşığı soğuk su
Süslemek için maydanoz veya su teresi

20 cm çapında bir sığ kaseyi eritilmiş tereyağı veya margarinle fırçalayın. Garnitür hariç kalan tüm malzemelerle yumurtaları iyice çırpın. (Geleneksel omletlerde olduğu gibi yumurtaları hafifçe kırmak işe yaramaz.) Tabağa dökün, üzerini bir tabakla kapatın ve

mikrodalgaya koyun. 1½ dakika yüksekte pişirin. Yumurtalı karışımın üzerini örtün ve bir tahta kaşık veya çatalla kısmen sabitlenmiş kenarları merkeze getirerek hafifçe karıştırın. Örtün ve daha önce olduğu gibi tekrar mikrodalgaya koyun. 1½ dakika yüksekte pişirin. Örtün ve 30-60 saniye veya üst kısım ayarlanana kadar pişirmeye devam edin. Üçe katlayın ve önceden ısıtılmış bir plaka üzerine kaydırın. Süsleyin ve hemen servis yapın.

Aromalı Omletler

1 kişilik

Maydanozlu Omlet: Klasik bir omlet gibi hazırlayın, ancak omlet ilk 1½ dakika piştikten sonra yumurtalara 30ml/2 yemek kaşığı kıyılmış maydanoz serpin.

Frenk soğanı Omleti: Klasik omlet gibi hazırlayın, ancak omlet ilk 1½ dakika piştikten sonra yumurtalara 30ml/2 yemek kaşığı doğranmış frenk soğanı serpin.

Su teresi omleti: Klasik omlet gibi hazırlayın, ancak omlet ilk 1½ dakika piştikten sonra yumurtalara 30ml/2 yemek kaşığı doğranmış su teresi serpin.

Omlet aux Para Cezaları Otlar: Klasik omlet gibi hazırlayın, ancak omlet ilk 1½ dakika piştikten sonra, yumurtalara 45ml/3 yemek kaşığı doğranmış maydanoz, frenk maydanozu ve fesleğen serpin. Biraz taze tarhun da eklenebilir.

Kişnişli köri omleti: Klasik bir omlet gibi hazırlayın, ancak ayrıca yumurtaları ve suyu tuz ve karabiberle 5–10 ml/1–2 çay kaşığı köri tozu ile çırpın. Omlet ilk 1½ dakika piştikten sonra, yumurtaları 30ml/2 yemek kaşığı kıyılmış kişniş (kişniş) ile serpin.

Peynirli ve Hardallı Omlet: Klasik bir omlet gibi hazırlayın, ancak yumurta ve suyu 5 ml/1 çay kaşığı hazır hardal ve 30 ml/2 yemek kaşığı çok ince rendelenmiş ve lezzetli sert peynir, tuz ve karabiberle çırpın.

brunch omleti

1-2 porsiyon

Kuzey Amerika tarzı bir omlet, geleneksel olarak Pazar brunch'ı için servis edilir. Brunch omleti, klasik omlet gibi tatlandırılabilir ve doldurulabilir.

Klasik omlet gibi hazırlayın ama 30 ml/2 yk su yerine 45 ml/3 yk soğuk süt kullanın. Kapağı açıldıktan sonra 1-1½ dakika yüksekte pişirin. Üçe katlayın ve dikkatlice bir tabağa kaydırın.

Eritilmiş peynirli haşlanmış yumurta

1 kişilik

1 dilim tereyağlı sıcak tost
45ml/3 yemek kaşığı krem peynir
Domates ketçapı (katsup)
1 haşlanmış yumurta
60-75ml/4-5 yemek kaşığı rendelenmiş peynir
kırmızı biber

Ekmeği krem peynirle, ardından domates ketçapıyla yayın. Bir tabağa koymak için. Üzerine haşlanmış yumurtayı koyun, ardından rendelenmiş peynirin üzerine dökün ve kırmızı biber serpin. Peynir erimeye başlayana kadar 1-1½ dakika boyunca üstü açık olarak çözün. Yakında yemek.

Yumurta Benedict

1-2 porsiyon

Hiçbir Kuzey Amerika Pazar brunch'ı, tüm kalori ve kolesterol kısıtlamalarına meydan okuyan, günahkâr derecede zengin bir yumurta karışımı olan Eggs Benedict olmadan tamamlanmış sayılmaz.

Bir muffin veya bap'ı ayırın ve kızartın. Bir dilim geleneksel ızgara (kızarmış) domuz pastırması ile üstüne, ardından her iki yarıyı da taze haşlanmış yumurta ile doldurun. Hollandaise sosuyla yayın, ardından kırmızı biberle hafifçe tozlayın. Yakında yemek.

Omlet Arnold Bennett

2 porsiyon

Ünlü yazarın onuruna Londra'daki Savoy Hotel'de bir şef tarafından yaratıldığı söylenen bu, herhangi bir özel gün veya tatil için anıtsal ve unutulmaz bir omlet.

175 gr/6 ons tütsülenmiş mezgit balığı veya morina filetosu
45ml/3 yemek kaşığı kaynar su
120 ml / 4 fl oz / ½ fincan taze krema
Taze çekilmiş karabiber
Üzerine sürmek için eritilmiş tereyağı veya margarin
3 yumurta
45 ml/3 yemek kaşığı soğuk süt
Bir tutam tuz
50g/2 ons/½ fincan renkli çedar veya kırmızı leicester peyniri, rendelenmiş

Balıkları su ile sığ bir kaseye koyun. Bir tabakla örtün ve 5 dakika yüksekte pişirin. 2 dakika bekletin. Eti süzün ve bir çatalla parçalayın. Crème fraîche ile çalışın ve biberle tatlandırın. 20 cm çapında bir sığ kaseyi eritilmiş tereyağı veya margarinle fırçalayın. Yumurtaları süt ve tuz ile iyice çırpın. Kaseye dökün. Bir tabakla örtün ve 3 dakika yüksekte pişirin, pişirme süresinin yarısında kenarlarını ortaya doğru itin. Örtün ve 30 saniye daha tam gazda pişirin. Balık ve krema karışımını yayın ve peynir serpin. Omlet sıcak olana ve peynir eriyene kadar üstü açık olarak 1-1½ dakika yüksekte pişirin. İki porsiyona bölün ve hemen servis yapın.

tortilla

2 porsiyon

Ünlü İspanyol omleti, gözleme gibi yuvarlak ve düzdür. Ekmek parçaları veya rulolar ve çıtır çıtır yeşil bir salata ile iyi gider.

15 ml/1 yemek kaşığı tereyağı, margarin veya zeytinyağı

1 soğan, ince kıyılmış

175 gr haşlanmış patates, küp doğranmış

3 yumurta

5ml/1 çay kaşığı tuz

30ml/2 yemek kaşığı soğuk su

Tereyağı, margarin veya sıvı yağı 20 cm çapında derin bir kaba alın. Buz Çözme 30-45 saniye Isıtın. Soğanı karıştırın. Bir tabakla örtün ve eriyene kadar 2 dakika pişirin. Patatesleri karıştırın. Daha önce olduğu gibi kapatın ve tam gazda 1 dakika pişirin. Mikrodalgadan çıkarın. Yumurtaları tuz ve su ile iyice çırpın. Soğan ve patateslerin üzerine eşit şekilde dökün. Kapağı bir kez çevirerek 4½ dakika yüksekte pişirin. 1 dakika bekletin, sonra ikiye bölün ve her bir parçayı bir tabağa koyun. Yakında yemek.

Karışık sebzeli İspanyol omleti

2 porsiyon

30ml/2 yemek kaşığı tereyağı, margarin veya zeytinyağı

1 soğan, ince kıyılmış

2 domates, kabuklu ve doğranmış

½ küçük yeşil veya kırmızı (kırmızı biber) dolmalık biber, ince kıyılmış

3 yumurta

5-7,5ml/1-1½ çay kaşığı tuz

30ml/2 yemek kaşığı soğuk su

Tereyağı, margarin veya sıvı yağı 20 cm çapında derin bir kaba alın. Buz Çözme 1½ dakika ısıtın. Soğan, domates ve doğranmış biberleri ekleyip karıştırın. Bir tabakla örtün ve yumuşayana kadar 6-7 dakika buz çözme modunda pişirin. Yumurtaları tuz ve su ile iyice çırpın. Sebzelerin üzerine eşit şekilde dökün. Bir tabakla örtün ve yumurtalar donana kadar kaseyi bir kez çevirerek 5-6 dakika yüksekte pişirin. İkiye bölün ve her parçayı bir tabağa koyun. Yakında yemek.

Jambonlu İspanyol omleti

2 porsiyon

Karışık sebzeli İspanyol omleti olarak hazırlayın, ancak sebzelere 60 ml/4 yemek kaşığı iri kıyılmış kurutulmuş İspanyol jambonu ve 1-2 diş ezilmiş sarımsak ekleyin ve 30 saniye daha pişirin.

kereviz soslu peynirli yumurta

4 servis

Vejeteryanlar için doyurucu bir yemek sunan hızlı bir öğle veya akşam yemeği.

6 büyük haşlanmış (sert kaynamış) yumurta, soyulmuş ve ikiye bölünmüş

300 ml/10 fl oz/1 kutu yoğunlaştırılmış kereviz çorbası

45 ml/3 yemek kaşığı tam yağlı süt

175 gr rendelenmiş kaşar peyniri

30 ml/2 yemek kaşığı ince kıyılmış maydanoz

Tuz ve taze çekilmiş karabiber

15 ml/1 yemek kaşığı kızarmış galeta unu

2,5 ml/½ çay kaşığı kırmızı biber

Yumurta yarımlarını 20 cm çapında derin bir tabağa dizin. Ayrı bir kapta veya kasede çorba ve sütü yavaşça karıştırın. Her dakika karıştırarak 4 dakika boyunca kapağı açık olarak yüksek ısıda ısıtın. Peynirin yarısını karıştırın ve üstü açık, yüksekte, eriyene kadar 1–1½ dakika ısıtın. Maydanozu ekleyin, tatlandırın ve ardından yumurtaların üzerine kaşıkla dökün. Kalan peyniri, ekmek kırıntılarını ve kırmızı biberi serpin. Servis yapmadan önce sıcak bir ızgara (broyler) altında kahverengileştirin.

yumurta fu yung

2 porsiyon

5ml/1 yemek kaşığı tereyağı, margarin veya mısır yağı

1 soğan, ince kıyılmış

30ml/2 yemek kaşığı haşlanmış bezelye

30ml/2 yemek kaşığı pişmiş veya konserve fasulye filizi

125 gr mantar, dilimlenmiş

3 büyük yumurta

2,5 ml/½ çay kaşığı tuz

30ml/2 yemek kaşığı soğuk su

5 ml/1 çay kaşığı soya sosu

4 taze soğan (taze soğan), ince doğranmış

Tereyağı, margarin veya sıvı yağı 20 cm çapında derin bir kaba alın ve üstü açık olarak 1 dakika kadar eritin. Doğranmış soğanı karıştırın, bir tabakla örtün ve 2 dakika yüksekte pişirin. Bezelye, fasulye filizi ve mantarları karıştırın. Daha önce olduğu gibi örtün ve 1½ dakika yüksekte pişirin. Mikrodalgadan çıkarın ve karıştırın. Yumurtaları tuz, su ve soya sosu ile iyice çırpın. Sebzelerin üzerine eşit şekilde döküt. İki kez çevirerek 5 dakika yüksekte pişirin. 1 dakika bekletin. İkiye bölün ve her birini önceden ısıtılmış bir tabağa koyun. Frenk soğanı ile süsleyin ve hemen servis yapın.

Pizzalı omlet

2 porsiyon

Alt kısmı mayalı hamur yerine yassı omletten yapılan yeni bir pizza türü.

15 ml/1 yemek kaşığı zeytinyağı
3 büyük yumurta
45ml/3 yemek kaşığı süt
2,5 ml/½ çay kaşığı tuz
4 domates, beyazlatılmış, soyulmuş ve dilimlenmiş
125g/4 ons/1 su bardağı mozzarella peyniri, rendelenmiş
yağda 8 konserve hamsi
8-12 adet çekirdeği çıkarılmış siyah zeytin

Yağı 20 cm/8 inç çapında derin bir kaseye koyun ve buzunu çözmek için 1 dakika kapağı açık olarak ısıtın. Yumurtaları süt ve tuz ile iyice çırpın. Kalıba dökün ve bir plaka ile örtün. Pişirmenin yarısında kenarları yemeğin ortasına doğru iterek 3 dakika yüksekte pişirin. Örtün ve 30 saniye daha tam gazda pişirin. Domates ve peynirle yayın, ardından hamsi ve zeytinle süsleyin. İki kez çevirerek 4 dakika yüksekte pişirin. İkiye bölün ve hemen servis yapın.

sufle omleti

2 porsiyon

45 ml/3 yemek kaşığı marmelat (reçel)
pudra şekeri (pudra şekeri).
Eritilmiş tereyağı
3 damla limon suyu
3 büyük yumurta, ayrılmış
15 ml/1 yemek kaşığı toz şeker

Reçeli küçük bir kaseye veya bardağa dökün. Bir tabakla örtün ve buzunu çözmek için 1½ dakika ısıtın. Mikrodalgadan dikkatlice çıkarın, üzerini kapatın ve bir kenara koyun. Büyük bir yağlı (mumlu) kağıdı elenmiş pudra şekeri ile kaplayın. 25 cm derinliğinde bir kabı eritilmiş tereyağı ile fırçalayın. Yumurta beyazına limon suyunu ekleyin ve sertleşene kadar çırpın. Sarılara pudra şekeri ekleyin ve kalın, soluk ve kremsi olana kadar çırpın. Dövülmüş yumurta aklarını, pürüzsüz ve eşit şekilde karışana kadar hafifçe sarılara yedirin. Hazırlanan kaseye dökün. Kapaksız olarak tam gazda 3½ dakika pişirin. Şekerli kağıda ters çevirin, ortasından bıçakla bir çizgi çizin ve ılık reçeli omletin yarısına yayın. Dikkatlice ortadan ikiye kesin

Limonlu sufle ile omlet

2 porsiyon

Sufle omleti gibi hazırlayın ama çırpılmış yumurta sarısı ve şekere 5 ml/1 çay kaşığı ince rendelenmiş limon kabuğu rendesi ekleyin.

Portakallı sufle omleti

2 porsiyon

Sufle omleti gibi hazırlayın, ancak çırpılmış yumurta sarısı ve şekere 5 ml/1 çay kaşığı ince rendelenmiş portakal kabuğu rendesi ekleyin.

Bademli Kayısılı Sufle Omlet

2 porsiyon

Sufle omleti gibi hazırlayın ama çırpılmış yumurta sarısına ve şekere 2,5 ml/½ çay kaşığı badem esansı (ekstraktı) ekleyin. Isıtılmış pürüzsüz kayısı reçeli (reçel) ile doldurun.

Frambuazlı Sufle Omlet

2 porsiyon

Sufle omleti gibi hazırlayın, ancak çırpılmış yumurta sarısı ve şekere 2,5 ml/½ çay kaşığı vanilya esansı (ekstraktı) ekleyin. 45-60 ml/3-4 yemek kaşığı iri kıyılmış ahududu ile doldurun, pudra şekeri ve isterseniz biraz vişne veya cinle karıştırın.

Çilekli Sufle Omlet

2 porsiyon

Sufle omleti gibi hazırlayın, ancak çırpılmış yumurta sarısı ve şekere 2,5 ml/½ çay kaşığı vanilya esansı (ekstraktı) ekleyin. Üzerine 45-60ml/3-4 yk ince dilimlenmiş çilek, istenirse pudra şekeri ve 15ml/1 yk çikolata veya portakal likörü.

soslu sufle omleti

2 porsiyon

Sufle omleti gibi hazırlayın, ancak omleti katlayıp ikiye bölmek yerine düz bir şekilde yatırın ve ikiye bölün. Her birini bir tabağa koyun ve yeniden ısıtılmış meyve kompostosu veya meyve püresi ile süsleyin. Hemen servis yapın.

kremalı fırında yumurta

1 kişilik

Bu yumurta hazırlama yöntemi, oeufs en cocotte olarak adlandırılan Fransa'da çok popülerdir. Akşam yemeği partileri için kesinlikle birinci sınıf bir mezedir, ancak aynı zamanda tost veya kraker ve yeşil salata ile şık bir öğle yemeği yapar. Başarıyı sağlamak için, tek bir tabakta her seferinde bir yumurta kaynatmanız önerilir.

1 yumurta
Tuz ve taze çekilmiş karabiber
15 ml/1 yemek kaşığı çift krema veya taze krema
5 ml/1 çay kaşığı çok ince kıyılmış maydanoz, frenk soğanı veya kişniş (kişniş)

Küçük bir güveç kalıbını (muhallebi kabı) veya tekli sufle kalıbını eritilmiş tereyağı veya margarinle yağlayın. Yumurtayı dikkatlice kırın ve bir şiş veya bıçak ucuyla iki kez yumurta sarısını delin. Tatmak için iyi baharatlayın. Kremayı yayın ve otları serpin. Bir tabakla örtün ve buzunun çözülmesi için 3 dakika pişirin. Yemekten önce 1 dakika bekletin.

Pişmiş Yumurta Napoliten

1 kişilik

Kremalı Fırında Yumurta olarak hazırlayın, ancak yumurtayı 15 ml/1 yemek kaşığı passata (passata) ve iki ince kıyılmış siyah zeytin veya kapari ile fırçalayın.

Peynir Fondü

6 servis

İsviçre doğumlu peynir fondü, Alplerdeki tatil yerlerinin veya yüksek zirvelerde derin kar yağışı olan her yerin kayak sonrası favorisidir. Ekmeği ortak bir tencereye lezzetli eritilmiş peynire batırmak, arkadaşlarla bir yemeğin tadını çıkarmanın en sosyal, eğlenceli ve rahatlatıcı yollarından biridir ve bunun için mikrodalgadan daha iyi bir mutfak aleti yoktur. Otantik bir atmosfer için bir çiseleyen kirsch ve bir fincan sıcak limon çayı ile servis yapın.

1-2 diş sarımsak, soyulmuş ve ikiye bölünmüş
175 gr / 6 ons / 1½ fincan Emmental peyniri, rendelenmiş
450 gr Gruyère (İsviçre) peyniri, rendelenmiş
15 ml/1 yemek kaşığı mısır nişastası (mısır nişastası)
300 ml/½ puan/1¼ bardak Moselle şarabı
5ml/1 çay kaşığı limon suyu
30 ml/2 yemek kaşığı kiraz
Tuz ve taze çekilmiş karabiber
Daldırma için doğranmış Fransız ekmeği

Sarımsak yarımlarının kesik taraflarını 2,5 litrelik / 4½ Pt / 11 fincan derin bir kavanoz veya seramik tabağın kenarlarına bastırın. Alternatif olarak, daha güçlü bir tat için sarımsağı doğrudan kaseye ezin. Her iki peyniri, mısır nişastasını, şarabı ve limon suyunu ekleyin. Fondü hafifçe köpürmeye başlayana kadar 4 kez karıştırarak 7-9 dakika yüksekte kapağı açık olarak pişirin. Mikrodalgadan çıkarın ve kirsch ile karıştırın. Tatmak için iyi baharatlayın. Çanağı masaya getirin ve bir küp ekmeği uzun bir fondü çatalına geçirip peynir karışımında döndürerek ve sonra kaldırarak yiyin.

Elma şarabı ile fondü

6 servis

Peynir fondü gibi hazırlayın, ancak şarabı elma şarabıyla ve vişneyi Calvados ile değiştirin ve doğranmış kırmızı elmalar ve daldırma için doğranmış ekmek ile servis yapın.

elma suyu ile fondü

6 servis

Hafif tadı olan ve her yaş için uygun alkolsüz bir fondü.

Peynir fondü gibi hazırlanır, ancak şarabı elma suyuyla değiştirin ve kirsch'i çıkarın. Gerekirse, biraz sıcak su ile seyreltin.

pembe fondü

6 servis

Peynir fondü gibi hazırlayın, ancak 200g/7oz/1¾ fincan yerine Emmental ve Gruyere (İsviçre) peynirini Cheshire beyazı, Lancashire ve Caerphilly peynirlerini ve rosé için beyaz şarabı değiştirin.

Dumanlı fondü

6 servis

Peynir fondüsü gibi hazırlayın, ancak Gruyere peynirinin yarısını 200g/7 ons/1¾ fincan füme peynirle değiştirin. Emmental miktarı değişmeden kalır.

Alman bira fondü

6 servis

Peynir fondü gibi hazırlayın, ancak şarabı birayla ve kirsch'i brendi ile değiştirin.

Ateşli fondü

6 servis

Peynir fondü gibi hazırlayın ama mısır nişastasından hemen sonra 2-3 tane kırmızı biberi, çekirdeklerini çıkarmış ve çok ince doğranmış olarak ekleyin.

köri fondü

6 servis

Peynir fondü gibi hazırlayın, ancak peynirlere 10-15 ml/2-3 çay kaşığı hafif köri ezmesi ekleyin ve kirsch'i votka ile değiştirin. Daldırma için ısıtılmış Hint ekmeği kullanın.

fondü

4-6 porsiyon için

Olağanüstü derecede zengin bir peynir fondü İtalyan yorumu.

Peynir fondü gibi hazırlayın, ancak Gruyère (İsviçre) ve Emmental'ı İtalyan Fontina peyniri, Mosel'i sek İtalyan beyaz şarabı ve Kirsch'ü Marsala ile değiştirin.

Peynir ve domates fondü

4-6 porsiyon için

225 gr / 8 ons / 2 su bardağı rendelenmiş olgun çedar peyniri
125 gr Lancashire veya Wensleydale peyniri, ufalanmış
300ml/10 fl oz/1 kutu yoğunlaştırılmış domates çorbası
10ml/2 çay kaşığı Worcestershire sosu
Bir tutam acı biber sosu
45ml/3 yemek kaşığı kuru şeri
Servis için ısıtılmış ciabatta ekmeği

Şeri hariç tüm malzemeleri 1,25 litrelik cam veya seramik bir kapta birleştirin. Fondü pürüzsüz ve kalın olana kadar 3-4 kez karıştırarak 7-

9 dakika boyunca açıkta eriterek pişirin. Mikrodalgadan çıkarın ve şeride karıştırın. Sıcak ciabatta ekmeği parçaları ile yiyin.

Peynir Fondü

6 servis

İsviçre doğumlu peynir fondü, Alplerdeki tatil yerlerinin veya yüksek zirvelerde derin kar yağışı olan her yerin kayak sonrası favorisidir. Ekmeği ortak bir tencereye lezzetli eritilmiş peynire batırmak, arkadaşlarla bir yemeğin tadını çıkarmanın en sosyal, eğlenceli ve rahatlatıcı yollarından biridir ve bunun için mikrodalgadan daha iyi bir mutfak aleti yoktur. Otantik bir atmosfer için bir çiseleyen kirsch ve bir fincan sıcak limon çayı ile servis yapın.

1-2 diş sarımsak, soyulmuş ve ikiye bölünmüş
175 gr / 6 ons / 1½ fincan Emmental peyniri, rendelenmiş
450 gr Gruyère (İsviçre) peyniri, rendelenmiş
15 ml/1 yemek kaşığı mısır nişastası (mısır nişastası)
300 ml/½ puan/1¼ bardak Moselle şarabı
5ml/1 çay kaşığı limon suyu
30 ml/2 yemek kaşığı kiraz
Tuz ve taze çekilmiş karabiber
Daldırma için doğranmış Fransız ekmeği

Sarımsak yarımlarının kesik taraflarını 2,5 litrelik / 4½ Pt / 11 fincan derin bir kavanoz veya seramik tabağın kenarlarına bastırın. Alternatif olarak, daha güçlü bir tat için sarımsağı doğrudan kaseye ezin. Her iki peyniri, mısır nişastasını, şarabı ve limon suyunu ekleyin. Fondü hafifçe köpürmeye başlayana kadar 4 kez karıştırarak 7-9 dakika yüksekte kapağı açık olarak pişirin. Mikrodalgadan çıkarın ve kirsch ile karıştırın. Tatmak için iyi baharatlayın. Çanağı masaya getirin ve bir küp ekmeği uzun bir fondü çatalına geçirip peynir karışımında döndürerek ve sonra kaldırarak yiyin.

Elma şarabı ile fondü

6 servis

Peynir fondü gibi hazırlayın, ancak şarabı elma şarabıyla ve vişneyi Calvados ile değiştirin ve doğranmış kırmızı elmalar ve daldırma için doğranmış ekmek ile servis yapın.

elma suyu ile fondü

6 servis

Hafif tadı olan ve her yaş için uygun alkolsüz bir fondü.

Peynir fondü gibi hazırlanır, ancak şarabı elma suyuyla değiştirin ve kirsch'i çıkarın. Gerekirse, biraz sıcak su ile seyreltin.

pembe fondü

6 servis

Peynir fondü gibi hazırlayın, ancak 200g/7oz/1¾ fincan yerine Emmental ve Gruyere (İsviçre) peynirini Cheshire beyazı, Lancashire ve Caerphilly peynirlerini ve rosé için beyaz şarabı değiştirin.

Dumanlı fondü

6 servis

Peynir fondüsü gibi hazırlayın, ancak Gruyere peynirinin yarısını 200g/7 ons/1¾ fincan füme peynirle değiştirin. Emmental miktarı değişmeden kalır.

Alman bira fondü

6 servis

Peynir fondü gibi hazırlayın, ancak şarabı birayla ve kirsch'i brendi ile değiştirin.

Ateşli fondü

6 servis

Peynir fondü gibi hazırlayın ama mısır nişastasından hemen sonra 2-3 tane kırmızı biberi, çekirdeklerini çıkarmış ve çok ince doğranmış olarak ekleyin.

köri fondü

6 servis

Peynir fondü gibi hazırlayın, ancak peynirlere 10-15 ml/2-3 çay kaşığı hafif köri ezmesi ekleyin ve kirsch'i votka ile değiştirin. Daldırma için ısıtılmış Hint ekmeği kullanın.

fondü

4-6 porsiyon için

Olağanüstü derecede zengin bir peynir fondü İtalyan yorumu.

Peynir fondü gibi hazırlayın, ancak Gruyère (İsviçre) ve Emmental'ı İtalyan Fontina peyniri, Mosel'i sek İtalyan beyaz şarabı ve Kirsch'ü Marsala ile değiştirin.

Peynir ve domates fondü

4-6 porsiyon için

225 gr / 8 ons / 2 su bardağı rendelenmiş olgun çedar peyniri
125 gr Lancashire veya Wensleydale peyniri, ufalanmış
300ml/10 fl oz/1 kutu yoğunlaştırılmış domates çorbası
10ml/2 çay kaşığı Worcestershire sosu
Bir tutam acı biber sosu
45ml/3 yemek kaşığı kuru şeri
Servis için ısıtılmış ciabatta ekmeği

Şeri hariç tüm malzemeleri 1,25 litrelik cam veya seramik bir kapta birleştirin. Fondü pürüzsüz ve kalın olana kadar 3-4 kez karıştırarak 7-9 dakika boyunca açıkta eriterek pişirin. Mikrodalgadan çıkarın ve şeride karıştırın. Sıcak ciabatta ekmeği parçaları ile yiyin.

Peynir ve kereviz fondü

4-6 porsiyon için

Mock Cheese ve Domates Fondü gibi hazırlayın, ancak domates çorbasını yoğunlaştırılmış kereviz çorbasıyla değiştirin ve şeri yerine cinle tatlandırın.

İtalyan peyniri, krema ve yumurta fondü

4-6 porsiyon için

1 diş sarımsak, ezilmiş

50 gr/2 ons/¼ fincan mutfak sıcaklığında tuzsuz (tatlı) tereyağı

450 gr Fontina peyniri, rendelenmiş

60 ml/4 yemek kaşığı mısır nişastası (mısır nişastası)

300 ml/½ puan/1¼ su bardağı süt

2,5 ml/½ çay kaşığı öğütülmüş hindistan cevizi

Tuz ve taze çekilmiş karabiber

150 ml/¼ puan/2/3 su bardağı krem şanti

2 yumurta, çırpılmış

Servis için doğranmış İtalyan ekmeği

2,5 litrelik derin bir cam veya toprak kapta sarımsak, tereyağı, peynir, mısır nişastası, süt ve hindistan cevizini karıştırın. Tatmak için mevsim. Fondü hafifçe köpürmeye başlayana kadar 4 kez karıştırarak 7-9 dakika yüksekte kapağı açık olarak pişirin. Mikrodalgadan çıkarın ve kremayı karıştırın. 1 dakika kadar yüksekte kapağı açık olarak pişirin. Mikrodalgadan çıkarın ve yavaş yavaş yumurtaları çırpın. Daldırma için İtalyan ekmeği ile servis yapın.

Hollandalı çiftçinin fondü

4-6 porsiyon için

Yumuşak ve nazik bir fondü, çocuklar için yeterince hafif.

1 diş sarımsak, ezilmiş
15ml/1 yemek kaşığı tereyağı
450 gr Gouda peyniri, rendelenmiş
15 ml/1 yemek kaşığı mısır nişastası (mısır nişastası)
20 ml/4 çay kaşığı hardal tozu
Bir tutam rendelenmiş hindistan cevizi
300 ml/½ puan/1¼ bardak tam yağlı süt
Tuz ve taze çekilmiş karabiber
Servis için ekmek küpleri

Tüm malzemeleri 2,5 litre/4½ pt/11 fincan derinliğinde cam veya seramik bir kaseye koyun ve tadına göre iyice baharatlayın. Fondü hafifçe köpürmeye başlayana kadar 4 kez karıştırarak 7-9 dakika yüksekte kapağı açık olarak pişirin. Çanağı masaya getirin ve bir küp ekmeği uzun bir fondü çatalına geçirip peynir karışımında döndürerek ve sonra kaldırarak yiyin.

Bir bükülme ile çiftçi fondü

4-6 porsiyon için

Dutch Farmhouse Fondü gibi hazırlanır, ancak pişirdikten sonra 30-45 ml/2-3 yemek kaşığı Genever (Hollanda çırçır) ekleyin.

Flamenko usulü fırında yumurta

1 kişilik

Eritilmiş tereyağı veya margarin
1 küçük domates, beyazlatılmış, soyulmuş ve doğranmış
2 taze soğan (soğan), doğranmış
1-2 dilimlenmiş doldurulmuş zeytin
5ml/1 çay kaşığı sıvı yağ
15ml/1 yemek kaşığı pişmiş jambon, ince kıyılmış
1 yumurta
Tuz ve taze çekilmiş karabiber
15 ml/1 yemek kaşığı çift krema veya taze krema
5 ml/1 çay kaşığı çok ince kıyılmış maydanoz, frenk soğanı veya kişniş (kişniş)

Küçük bir güveç kalıbını (muhallebi kabı) veya tekli sufle kalıbını eritilmiş tereyağı veya margarinle yağlayın. Domates, taze soğan, zeytin, yağ ve jambon ekleyin. Bir tabakla örtün ve 1 dakika yüksek ateşte ısıtın. Yumurtayı dikkatlice kırın ve bir şiş veya bıçak ucuyla iki kez yumurta sarısını delin. Tatmak için iyi baharatlayın. Kremayı yayın ve otları serpin. Daha önce olduğu gibi örtün ve buzunun çözülmesi için 3 dakika pişirin. Yemekten önce 1 dakika bekletin.

Ekmek ve tereyağlı peynir ve maydanozlu puding

4-6 porsiyon için

4 büyük dilim beyaz ekmek
50 gr / 2 oz / ¼ fincan tereyağı, mutfak sıcaklığında
175 gr / 6 ons / 1½ fincan portakal çedar peyniri
45 ml/3 yemek kaşığı kıyılmış maydanoz
600ml/1pt/2½ bardak soğuk süt
3 yumurta
5ml/1 çay kaşığı tuz
kırmızı biber

Ekmeğin üzerine tereyağı sürün ve her dilimi dört kareye bölün. 1,75 litre / 3 pt / 7½ fincan kaseyi iyice yağlayın. Ekmek karelerinin yarısını tereyağlı tarafı yukarı gelecek şekilde tavanın dibine yayın. Peynirin üçte ikisini ve bütün maydanozu serpin. Kalan ekmeği tereyağlı tarafı yukarı gelecek şekilde üstüne yayın. Sütü bir sürahiye dökün ve kapağı açık olarak 3 dakika yüksek ateşte ısıtın. Yumurtaları köpürene kadar çırpın, ardından yavaş yavaş sütü ekleyin. tuzu karıştırın. Ekmek ve tereyağının üzerine dikkatlice dökün. Kalan peyniri üzerine dağıtın ve toz kırmızı biber serpin. Mutfak kağıdı ile örtün ve 30 dakika çözülmesini bekleyin. 5 dakika bekletin, ardından servis yapmadan önce sıcak bir piliç altında tadına göre kahverengileştirin.

Kaju fıstığı ile ekmek ve tereyağlı peynir ve maydanoz pudingi

4-6 porsiyon için

Ekmek ve tereyağlı peynirli maydanoz pudingi gibi hazırlayın ancak peynir ve maydanozla birlikte 45 ml/3 yemek kaşığı kızartılmış ve iri kıyılmış kaju fıstığını ekleyin.

Dört peynirli ekmek ve tereyağlı puding

4-6 porsiyon için

Ekmek ve tereyağlı peynir ve maydanozlu puding gibi hazırlayın, ancak rendelenmiş kaşar, edam, kırmızı leicester ve ufalanmış stilton peyniri karışımı kullanın. Maydanozu dört doğranmış salamura soğanla değiştirin.

Peynirli ve yumurtalı turtalar

4 servis

300ml/10 fl oz/1 kutu yoğunlaştırılmış mantar çorbası
45 ml/3 yemek kaşığı sade (hafif) krema
125 gr/4 ons/1 su bardağı Kırmızı Leicester Peyniri, rendelenmiş
4 sıcak kavrulmuş kraker
4 taze haşlanmış yumurta

Çorbayı, kremayı ve peynirin yarısını 900 ml'lik bir kaseye koyun. 4-5 dakika, sıcak ve pürüzsüz olana kadar, her dakika atarak, üstü açık olarak ısıtın. Her ekmek parçasını önceden ısıtılmış bir tabağa koyun ve üzerine bir yumurta ekleyin. Mantar karışımını fırçayla sürün, kalan peyniri serpin ve her seferinde yaklaşık 1 dakika peynir eriyene ve köpürene kadar yüksek hızda ısıtın. Yakında yemek.

Ters peynir ve domates pudingi

4 servis

225 gr / 8 oz / 2 su bardağı kendiliğinden kabaran (kendinden kabaran) un

5 ml/1 çay kaşığı hardal tozu

5ml/1 çay kaşığı tuz

125 gr tereyağ veya margarin

125g/4 ons/1 su bardağı Edam veya Cheddar peyniri, rendelenmiş

2 yumurta, çırpılmış

150 ml/¼ puan/2/3 su bardağı soğuk süt

4 büyük domates, beyazlatılmış ve derili ve doğranmış

15 ml/1 yemek kaşığı kıyılmış maydanoz veya kişniş (kişniş)

1,75 L derin yuvarlak puding kalıbını tereyağ ile yağlayın. Unu, hardal tozunu ve 2,5 ml/½ çay kaşığı tuzu bir kaseye eleyin. Tereyağı veya margarinle ovun, ardından peyniri katlayın. Yumurta ve süt ile yumuşak bir kıvama gelene kadar karıştırın. Hazırlanan leğene eşit olarak yayın. 6 dakika tam gazda kapağı açık olarak pişirin. Domatesleri kalan tuzla karıştırın. Sığ bir kaseye koyun ve bir plaka ile örtün. Pudingi fırından çıkarın ve dikkatlice sığ bir kaseye ters çevirin. Kağıt havlularla örtün ve 2 dakika daha yüksek pişirin. Fırından çıkarın ve ısıyı korumak için bir parça folyo ile örtün. Domatesleri mikrodalgaya koyun ve 3 dakika yüksekte ısıtın. Pudingin üzerine dökün, baharatları serpin ve sıcak servis yapın.

pizza topuzu

4 servis

45 ml/3 yemek kaşığı domates püresi (salça)
30ml/2 yemek kaşığı zeytinyağı
1 diş sarımsak, ezilmiş
4 sıcak kavrulmuş kraker
2 domates, ince dilimlenmiş
175g mozzarella peyniri, dilimlenmiş
12 adet siyah zeytin

Domates püresi, zeytinyağı ve sarımsağı karıştırıp ekmeklerin üzerine yayın. Üzerine domates dilimlerini dizin. Peynirle kaplayın ve zeytinlerle saplayın. Peynir erimeye başlayana kadar, yaklaşık 1–1½ dakika, birer birer tam olarak ısıtın. Yakında yemek.

Soğanlı zencefilli levrek

8 servis

Bir Kanton spesiyalitesi ve tipik bir Çin büfe yemeği.

2 levrek, her biri 450g/1lb, temizlenmiş ancak başları üzerinde bırakılmış
8 adet kuru soğan (kuru soğan)
5ml/1 çay kaşığı tuz
2,5ml/½ çay kaşığı şeker
2,5 cm/1 adet taze zencefil kökü, soyulmuş ve ince kıyılmış
45 ml/3 yemek kaşığı soya sosu

Balığın içini ve dışını yıkayın. Mutfak kağıdı ile kurulayın. Keskin bir bıçak kullanarak, her balığın her iki tarafında yaklaşık 1 inç aralıklarla üç çapraz kesim yapın. Baştan sona 30 3 20 cm/12 3 8 inçlik bir kaseye yerleştirin. Soğanları yukarı ve aşağı doğru dilimleyin, her birini uzunlamasına şeritler halinde dilimleyin ve balığın üzerine serpin. Kalan malzemeleri güzelce karıştırıp balıkların üzerine yayın. Kalıbı streç filmle (plastik sargı) örtün ve buharın çıkması için iki kez yarık açın. Bir kez çevirerek 12 dakika yüksekte pişirin. Balıkları servis tabağına alın ve kaseden aldığınız soğan ve meyve suları ile fırçalayın.

alabalık paketleri

2 porsiyon

Profesyonel şefler buna truites en papillote diyor. Basitçe hazırlanmış ihale alabalık paketleri, rafine bir balık kursu ile sonuçlanır.

2 büyük temizlenmiş alabalık, her biri 450g/1lb, yıkanmış, ancak başları kalmış

1 soğan, kalın dilimlenmiş

1 küçük limon veya misket limonu, kalın dilimlenmiş

2 büyük kurutulmuş defne yaprağı, kabaca ufalanmış

2,5 ml/½ çay kaşığı Provence Otları

5ml/1 çay kaşığı tuz

Her biri 40 3 35 cm/16 3 14 boyutunda iki dikdörtgen pişirme kağıdı hazırlayın. Balıkların kuyucuklarına defne yapraklarıyla birlikte soğan ve limon veya misket limonu dilimleri koyun. Parşömen dikdörtgenlerinin üzerine yerleştirin ve otlar ve tuz serpin. Her alabalığı ayrı ayrı sarın, ardından her iki paketi birlikte sığ bir kaseye koyun. Kaseyi bir kez çevirerek 14 dakika yüksekte pişirin. 2 dakika bekletin. Her birini önceden ısıtılmış bir tabağa koyun ve paketleri masada açın.

İnce fasulyeli parlak maymunbalığı

4 servis

125 gr Fransız (yeşil) veya Kenya fasulyesi, tepesi ve kuyruklu

150 ml/¼ puan/2/3 su bardağı kaynar su

450 gr maymunbalığı

15 ml/1 yemek kaşığı mısır nişastası (mısır nişastası)

1,5-2,5ml/¼-½ çay kaşığı Çin beş baharat tozu

45 ml/3 yemek kaşığı pirinç şarabı veya orta şeri

5 ml/1 çay kaşığı şişelenmiş istiridye sosu

2,5 ml/½ çay kaşığı susam yağı

1 diş sarımsak, ezilmiş

50 ml/2 fl oz/3½ yemek kaşığı sıcak su

15 ml/1 yemek kaşığı soya sosu

Servis için yumurtalı erişte

Fasulyeleri ikiye bölün. 1,25 litre/2¼ Pt/5½ fincan yuvarlak bir kaseye koyun. Kaynar suyu ekleyin. Streç filmle (plastik sargı) örtün ve buharın çıkması için iki kez yarık. 4 dakika yüksekte pişirin. Süzün ve bir kenara koyun. Maymunbalığını yıkayın ve ince şeritler halinde kesin. Mısır nişastası ve baharat tozunu pirinç şarabı veya şeri ile pürüzsüz olana kadar karıştırın. Kalan malzemeyi karıştırın. Fasulyelerin pişirildiği kaseye dökün. Kapaksız olarak tam gazda 1½ dakika pişirin. Pürüzsüz olana kadar karıştırın, ardından fasulyeleri ve maymunbalığını ekleyin. Daha önce olduğu gibi üzerini kapatın ve tam gazda 4 dakika pişirin. 2 dakika bekletin, sonra karıştırın ve servis yapın.

Şeker bezelye ile parlak karides

4 servis

Maymun Balığı'nı Parlak Olarak İnce Fasulye ile hazırlayın, ancak fasulye yerine şekerli bezelye koyun ve çıtır kalmalarını istediğiniz kadar sadece 2½-3 dakika pişirin. Maymunbalığını soyulmuş karideslerle (karidesler) değiştirin.

Elma şarabı ve calvados ile Normandiya morina balığı

4 servis

50 gr tereyağ veya margarin
1 soğan, çok ince dilimlenmiş
3 havuç, çok ince dilimlenmiş
50 gr temizlenmiş ve ince dilimlenmiş mantar
4 büyük morina biftek, her biri yaklaşık 225 gr
5ml/1 çay kaşığı tuz
150 ml/¼ puan/2/3 su bardağı elma şarabı
15 ml/1 yemek kaşığı mısır nişastası (mısır nişastası)
25 ml/1½ yemek kaşığı soğuk su
15 ml/1 yemek kaşığı Calvados
maydanoz, süslemek için

Tereyağı veya margarinin yarısını 20 cm çapında derin bir kaba alın. 45-60 saniye açıkta tam gazda eritin. Soğan, havuç ve mantarları karıştırın. Balıkları tek sıra halinde en üste dizin. Tuzla tozlayın. Elma şarabını kalıba dökün ve biftekleri kalan tereyağı veya margarinle fırçalayın. Streç filmle (plastik sargı) örtün ve buharın çıkması için iki kez yarık. Kaseyi 4 kez çevirerek 8 dakika yüksekte pişirin. Pişirme suyunu dikkatlice boşaltın ve ayırın. Mısır nişastasını su ve Calvados ile pürüzsüz olana kadar karıştırın. Balık sularını ekleyin. Her 30 saniyede bir karıştırarak, sos kalınlaşana kadar 2-2½ dakika yüksekte kapağı açık olarak pişirin. Balıkları önceden ısıtılmış servis tabağına dizin ve sebzelerle süsleyin.

balık paella

6-8 porsiyon

Uluslararası seyahat yoluyla dünya çapında bilinen İspanya'nın önde gelen pirinç yemeği.

900 gr derisiz somon fileto, doğranmış

1 paket safran tozu

60ml/4 yemek kaşığı sıcak su

30ml/2 yemek kaşığı zeytinyağı

2 soğan, doğranmış

2 diş sarımsak, ezilmiş

1 yeşil (biber), tohumlanmış ve kabaca doğranmış

225 gr / 8 ons / 1 su bardağı İtalyan veya İspanyol risotto pirinci

175 gr / 6 ons / 1½ fincan dondurulmuş veya taze bezelye

600 ml/1 puan/2½ bardak kaynar su

7,5 ml/1½ çay kaşığı tuz

3 domates, beyazlatılmış, soyulmuş ve dörde bölünmüş

75 gr pişmiş jambon, doğranmış

125 gr / 4 ons / 1 su bardağı soyulmuş karides (karides)

250g / 9 oz / 1 büyük kutu midye salamura

Süslemek için limon dilimleri veya dilimleri

Somon küplerini 25 cm çapındaki bir güveç kabının (Dutch Oven) kenarına ortasında küçük bir girinti bırakarak dizin. Kalıbı streç filmle (plastik sargı) örtün ve buharın çıkması için iki kez yarık açın. Buz çözme modunda 10-11 dakika, iki kez çevirerek, balık yumuşayıncaya ve tamamen pişene kadar pişirin. Sıvıyı boşaltın ve ayırın ve somonu bir kenara koyun. Bulaşıkları yıkayın ve kurulayın. Safranı küçük bir kaseye boşaltın, üzerine sıcak suyu ekleyin ve 10 dakika bekletin. Yağı temizlenmiş kaseye dökün ve soğan, sarımsak ve yeşil biberi ekleyin. 4 dakika tam gazda kapağı açık olarak pişirin. Pirinç, safran ve ıslatma suyu, bezelye, doğranmış somon, ayrılmış somon sıvısı, kaynar su ve tuz ekleyin. İyice ama nazikçe karıştırın. Daha önce olduğu gibi örtün ve 10 dakika yüksekte pişirin. Mikrodalgada 10 dakika bekletin. 5 dakika daha tam gaz pişirin. Domatesleri ve jambonu ortaya çıkarın ve yavaşça karıştırın. Karides, midye ve limonla süsleyip servis yapın.

ringa balığı turşusu

4 servis

4 ringa balığı, her biri yaklaşık 450 gr, filetosu çıkarılmış
2 büyük defne yaprağı, kabaca ufalanmış
15 ml/1 yemek kaşığı karışık terbiye çeşnisi
2 soğan, dilimlenmiş ve halkalara ayrılmış
150 ml/¼ puan/2/3 su bardağı kaynar su
20 ml/4 çay kaşığı toz şeker
10ml/2 çay kaşığı tuz
90 ml/6 yemek kaşığı malt sirkesi
Servis için tereyağlı ekmek

Her ringa balığı filetosunu baştan kuyruğa, derisi içeri gelecek şekilde sarın. 25 cm çapında derin bir kasenin kenarına dizin. Defne yapraklarını serpin ve baharatlayın. Ringaların arasına soğan halkalarını dizin. Kalan malzemeleri iyice karıştırın ve balıkların üzerine dökün. Streç filmle (plastik sargı) örtün ve buharın çıkması için iki kez yarık. 18 dakika tam gaz pişirin. Soğumaya bırakın, sonra soğutun. Ekmek ve tereyağı ile soğuk yiyin.

Moules Marinières

4 servis

Belçika'nın ulusal yemeği, garnitür olarak her zaman patates kızartmasıyla servis edilir.

900ml/2puan/5 su bardağı taze midye

15 g/½ ons/L yemek kaşığı tereyağı veya margarin

1 küçük soğan, doğranmış

1 diş sarımsak, ezilmiş

150 ml/¼ puan/2/3 fincan sek beyaz şarap

1 poşet buket garni

1 kurutulmuş defne yaprağı, ufalanmış

7,5 ml/1½ çay kaşığı tuz

20ml/4 çay kaşığı taze beyaz galeta unu

20ml/4 çay kaşığı kıyılmış maydanoz

Midyeleri soğuk akan su altında yıkayın. Midyeleri kazıyın ve ardından sakalları kesin. Kabukları çatlamış veya açık midyeleri atın; gıda zehirlenmesine neden olabilirler. Tekrar yıkayın. Tereyağı veya margarini derin bir kaba alın. Yaklaşık 30 saniye tamamen açıkta eritin. Soğan ve sarımsağı karıştırın. Bir tabakla örtün ve iki kez karıştırarak 6 dakika yüksekte pişirin. Şarap, buket garni, defne yaprağı, tuz ve midye ekleyin. Karıştırmak için hafifçe karıştırın. Daha önce olduğu gibi üzerini kapatın ve tam gazda 5 dakika pişirin. Oluklu bir kaşık kullanarak midyeleri dört derin kaseye veya çorba tabağına yerleştirin. Galeta ununu ve maydanozun yarısını pişirme sıvısına ilave edin ve ardından midyelerin üzerine dökün.

Ravent ve kuru üzüm soslu uskumru

4 servis

Güzel renkli tatlı ve ekşi sos, zengin uskumruyu güzelce dengeler.

350 gr genç ravent, kabaca doğranmış
60ml/4 yemek kaşığı kaynar su
30ml/2 yemek kaşığı kuru üzüm
30 ml/2 yemek kaşığı toz şeker
2,5 ml/½ çay kaşığı vanilya özü (özü)
Yarım küçük limonun ince rendelenmiş kabuğu ve suyu
4 uskumru, temizlenmiş, kemiği alınmış ve başları atılmış
50 gr tereyağ veya margarin
Tuz ve taze çekilmiş karabiber

Raventi ve suyu bir güveç kabına (Hollanda Fırını) koyun. Streç filmle (plastik sargı) örtün ve buharın çıkması için iki kez yarık. Kaseyi 3 kez çevirerek 6 dakika yüksekte pişirin. Raventi atın ve püre haline getirin. Kuru üzüm, şeker, vanilya esansı ve limon kabuğu rendesini karıştırın ve bir kenara koyun. Her bir uskumruyu ikiye katlayın, deri tarafları size doğru, ortadan baştan kuyruğa doğru. Tereyağı veya margarini ve limon suyunu 20 cm çapında derin bir kaba alın. 2 dakika boyunca tam gazda eritin. Balığı ekleyin ve eritilmiş malzemelerle fırçalayın. Tuz ve karabiber serpin. Streç filmle (plastik sargı) örtün ve buharın çıkması için iki kez yarık. Balık pul pul görünene kadar orta ateşte 14-16 dakika pişirin. 2 dakika bekletin. Ravent sosunu 1 dakika yüksekte ısıtın ve uskumru ile servis yapın.

Elma şarabı soslu ringa balığı

4 servis

Ravent ve kuru üzüm soslu uskumru gibi hazırlayın, ancak ravent ve kaynayan elma suyunu su yerine soyulmuş ve çekirdekleri çıkarılmış pişirme elmaları ile değiştirin. Kuru üzümleri dışarıda bırakın.

jöle soslu sazan

4 servis

1 çok taze sazan, temizlenmiş ve 8 ince dilime bölünmüş
30 ml/2 yemek kaşığı malt sirkesi
3 havuç, ince dilimlenmiş
3 soğan, ince dilimlenmiş
600 ml/1 puan/2½ bardak kaynar su
10-15ml/2-3 çay kaşığı tuz

Sazanları yıkayın ve üzerini geçecek kadar sirke eklenmiş soğuk suda 3 saat bekletin. (Bu, çamurlu tadı giderecektir.) 9 inç (23 cm) çapında derin bir kapta havuç ve soğanları kaynar su ve tuzla birleştirin. Streç filmle (plastik sargı) örtün ve buharın çıkması için iki kez yarık. Kaseyi dört kez çevirerek 20 dakika yüksekte pişirin. Boşaltın, sıvıyı toplayın. (Sebzeler başka yerlerde balık çorbasında veya kızartmalarda kullanılabilir.) Sıvıyı tekrar kaseye boşaltın. Sazanı tek bir katmana ekleyin. Daha önce olduğu gibi örtün ve tabağı iki kez çevirerek 8 dakika yüksekte pişirin. 3 dakika bekletin. Sazanı bir dilim balıkla birlikte sığ bir kaseye koyun. Örtün ve soğutun. Sıvıyı bir sürahiye dökün ve hafifçe jelleşene kadar soğutun. Jöleyi balığın üzerine dökün ve servis yapın.

Kayısılı rulo paspaslar

4 servis

75 gr kuru kayısı
150 ml/¼ puan/2/3 su bardağı soğuk su
Dilimlenmiş soğan ile 3 rollmops aldım
150 gr taze krema
Karışık marul yaprakları
gevrek ekmek

Kayısıları yıkayıp iri parçalar halinde kesin. Soğuk su ile bir kaseye koyun. Ters bir plaka ile örtün ve 5 dakika yüksekte ısıtın. 5 dakika bekletin. boşaltmak. Rulo mopları şeritler halinde kesin. Kayısılara soğan ve taze krema ile ekleyin. İyice karıştırın. Üzerini kapatıp buzdolabında 4-5 saat marine olmaya bırakın. Gevrek ekmek ile yaprak salatalarda servis yapın.

haşlanmış çiroz

1 kişilik

Mikrodalga fırın, eve yayılan kokuyu durdurarak çirozun sulu ve yumuşak olmasını sağlar.

1 büyük, boyanmamış çiroz, yaklaşık 450 g/1 lb
120 ml/4 fl oz/½ fincan soğuk su
tereyağı veya margarin

Kipper'ı kısaltın, kuyruğu atın. Tuzluluğunu azaltmak için birkaç kez 3-4 saat soğuk suda bekletin, ardından istenirse süzün. Su ile birlikte geniş, sığ bir kaseye koyun. Streç filmle (plastik sargı) örtün ve buharın çıkması için iki kez yarık. 4 dakika yüksekte pişirin. Bir parça tereyağı veya margarin ile ısıtılmış bir tabakta servis yapın.

www.ingramcontent.com/pod-product-compliance
Lightning Source LLC
Chambersburg PA
CBHW050350120526
44590CB00015B/1634